JN257833

東京くねくね

松尾貴史

東京新聞

目次

東京くねくね

本書は、二〇一二年三月〜二〇一六年二月にかけて「東京新聞ほっとWeb」で連載された「松尾貴史無責任編集『東京深聞』」に加筆・修正いたしました。

データや価格等は取材時のものです。また、すでに閉店・閉館した場所等については、二〇一七年三月時点での状況を調べられる範囲で追記しました。

千代田区

ハトを追い カラスに餌を 遣る老婆

これから、偉い人からの制止がかかるまで、「深い」とは名ばかりの、町中にある枝葉末節のことどもをぼんやりと眺めながら、東京の街を散策してみよう。「深い」どころか「不快」に感じる向きすらあるやもしれないが、それは体調のせいだとあきらめていただいて、どうぞお付き合いください。

さて、記念すべき……という表現はあまりにも陳腐だけれども、第一回はご想像の通り千代田区だ。

システマティックなオフィス街というイメージのこの地、「昼間の人口」はなんと八十二万人だという。世田谷区の人口よりやや少ないぐらいか。ところが実際に住んでいるのは四万人台、東京二十三区で一番少ない。これは四人家族の家に、毎朝七十人が押し寄せている状態である。

元は都心の中の都心で、現在都庁がある新宿は「副都心」と呼ばれていた。近年でも「新宿副都心」と呼ぶ人はいるが、今は千代田区のほうが副都心なのだろうか。私はそう言っている人に会ったことがないけれども、実はぼんやりと隠されていることなのかもしれない。

散策にあたって、大部分を占めるオフィス街を見て回ろうと思ったけれども、最近はどうにも世の中がギスギスしていて、不細工な写真入りのカードを首からぶら下げていない者はビルに入れてもらえないことが多く、さりとて生来の無精者の私は、いちいち来訪者の手続きをするのが面倒なので、それ以外のところを観ていこう。

公園内での過ごし方を読み解く

内幸町にある東京新聞の玄関から出発し、日比谷公園へ。ここは身分証明書がなくとも自由に出入りができる。鳩ですら。住所は、千代田区日比谷公園。これが正式らしい。

まだ寒いからか、人があまりいない。遠くのほうのベンチに人影が見えた。それとなく近付いてみると、三十歳くらいの女性が一人でぶつぶつ何やら喋っている。なるほど携帯電話での通話かと思ったら、そういった機器は見当たらない。「……だあから！……気持ち悪い！……気持ち悪いのよ、だから！」と、毒づくようにどなたかと「交信」していたのだった。袖振り合うも他生の縁、事態が改善することを祈りたい。

公園に入ってみて改めて驚くのは、私たちに対してあまりにも手厚く公園内での過ごし方を教えてくださっていることだ。

「公園内ではローラースケート・スケートボード等の危険なあそびを禁止します。東京都」

この「東京都」は必要なのだろうか。「都から言われちゃあ仕方がねえ」と、あきらめる人もいるのだろうなあ。

「テントを設置したり、荷物を放置する等して公園を占拠することは禁止されています。日比谷公園サービスセンター」

こちらはアルジの範囲が狭まった。占拠とは、何か確信犯的な活動を想起させるなあ。

「公園内《こうえんない》で、鳥《とり》など動物《どうぶつ》の死骸《しがい》を発見《はっけん》した場合《ばあい》は、手《て》を触《ふ》れずにサービスセンターまでご連絡《れんらく》ください」

ふりがなと連絡先、電話番号付きだ。「手を触れずに」ということは、触れる人がいるからこその注意書きなのだろう。

はっ！　さっきのお姉さんは、触ってしまった感想を言っていたのか……。

「とけいに、いたずらをしたり、とけいのうえに、あがったりしないでください」

これは注意書きに金がかかっている。ステンレスの説明用の看板に、文字を彫り込み、凹んだ部分に緑の着色まで。上に記された、メインであるソーラー時計の解説がほとんど読めなくなる中、側面の注意書きは頑張っている。

広い公園内には、まだまだ親切な注意書きはおびただしく存在するが、千代田区の特色ではなさそうな気がしてきたので、次へ行こう。

何とも哀愁のある売店の看板を発見した。古い建物に傾いた看板だから、というだけではない。清涼飲料水のタイアップで設置されたであろう看板には、「たばこ」「フィルム」の文字が。看板商品の二つともが、もはや斜陽である。この公園の中ですら、大部分の場所は禁煙だ。そして、フィルムを買おうという人も、趣味のカメラマン以外はそうそういない。雑誌などの撮影で日比谷公園に来た写真家がフィルムを切らす、ということもまず考えられない。

「時代の波だなあ」と話していたら、店の人が中からこちらをうかがっていた。ちょっと失敗。

公園から逃げ出して、帝国ホテル、東京宝塚劇場の方面へ。ここは宝塚のトップスターが退団ということになると、玉せせりかプラハの春かというようなヅカファンの群衆が、それでいて奇妙に統制のとれた形でスターの出待ちをする光景が見られる。抜け駆けなんかすると、リストに載ってしまうのかもしれない。何のリストかはわからないけれども。

大都会・有楽町で逢いましょう

私に馴染みのある界隈が近付いてきた。有楽町のガード下付近だ。怒りの血管模様が添えられた一枚の貼り紙に一瞬戸惑う。「前頭」って何だ？　大相撲の前頭一枚目か。

よく見ると「頭前」だった。どうにも怒っている書き様なのに、書いた人が善い人なのだろう、「ですぅ」と敬語になっている。紙の左部分が破かれていて見えにくいが、「店頭前ですぅ」が正解だった。駐車お断り、だったのか。店先だから店頭でいいのに、店頭前なので、眼に馴染まなかったのだな。あ、これも千代田区名物ではないか。

メーター類や壁面に、あやとりをしているような手のイラストが描かれたステッカーがそこかしこに貼られているが、文字の説明はない。何かの暗号か、判じ物か。

しばし悩んだが、多分タバコを紙巻きにする器具を操っている図のようだ。巻かれているのが本当にタバコの葉かどうかは怪しい。売人が「顧客」に対して、通話記録などの痕跡を残さずに何かの合図を送るため、事前に貼った信号なのかもしれない。大都会・有楽町。

東京交通会館にやって来た。私の錯覚か思い違いか、ビルの低階層がせり出した部分の屋上に三十年ぐらい前、自動車教習のコースがあった記憶があるのだけれど、私の妄想だろうか。

大昔からこの界隈に詳しい瀧見浩之さんという方に聞いてみたのだけれど、「昔からこんな感じだったと思いますが……」とのこと。私は法令遵守しているのに、なぜこんな幻覚が起きてしまったのか。大都会・有楽町。

ところで、有楽町といえばニッポン放送である。まだ大学を卒業して一年しか経たない有象無象の私を、夜九時からの一時間番組のパーソナリティに抜擢した「おっちょこちょい放送局」だ。懐かしいなあ。当時、これが聴取率トップになって、会社のエラい人である亀渕昭信さんから表彰され、ご褒美に五万円もらって事務所に内緒にしていたのが、昨日のことのように思い出される。

平日の帯番組だったので、日替わりでお笑いの大御所やアイドルやスターたちと、狭い廊下やスタジオで世間話ができる濃密な社交場だった。ビルが建て替えられ、今は広くなったので、そういう雰囲気はないのだろうなあ。

当時の縦長のニッポン放送（糖業会館といったかな）では、階段で昇降することが多かった

あやとりか、はたまた何かの暗号なのか？

のだが、あるとき、スタジオ側から階段に踏み出そうとしたら、がちゃがちゃとしたオンエアが館内に流れていたので、私の足音に気づかなかったのだろう、いつも挨拶を交わしている警備のおじいさんと掃除のおばさんが熱烈に接吻をやらかしていて、めまいを発症しそうになったのも、塩辛い思い出だ。

さて、有楽町といえばマリオンだ。ガードをくぐり抜ければ、そこは日劇ウエスタンカーニバル。私の茶飲み友達のミッキー・カーチスさんは、ここでファンを狂乱状態にしていたという。

ご存知の通り、現在日劇の建物は有楽町マリオンに変身し、「日劇」という名称は、中にある映画館として残っている。ニッポン放送に通っていた頃、ここで復活版の『ゴジラ』を観たなぁ。マリオンで観ている映画に、マリオンを壊している怪獣の様子が大きく映し出され、全国でおそらくここでしか笑いが起きない場面になっていた。

ビルの名前を「銀座マリオン」にしようとしたら、銀座の皆様がお怒りで、「有楽町マリオン」になったと記憶しているが、私の記憶は当てにならない。

前出の瀧見さんから、このあたりの蘊蓄《うんちく》をいろいろと聞かせていただいて、今夜の居酒屋での話題には事欠かない状況だ。彼と一緒に定時のからくり時計を鑑賞。完成した頃に見に来て以来、二十八年ぶりだったので、少なからず感慨があった。

脇を見ると、歌碑がある。故・フランク永井さんの名曲「有楽町で逢いましょう」の歌詞が彫られている。瀧見さんによると、この歌は有楽町そごうデパートのCMソングだったそうだ。よし、これでもう一杯飲めるぞ。

瀧見さんが古地図で解説してくださったのだが、この地には、時代劇でも有名な大岡越前がいた南町奉行所があった。さらに、北側には短期でなくなった中町奉行所、さらに八重洲のほうには（出世して南町奉行所にもいったけれど）遠山の金さんがいた北町奉行所もあったらしい。

マリオンの裏、有楽町駅前エリアの再開発着工前に行われた発掘調査では、書庫や建材など、さまざまな歴史的な価値のある文化財が出土したという。そのうちの、水道代わりの木管や石垣の一部が、有楽町駅前地下広場の腰掛けになっている。そしておそらくは、座っている人々の大多数はこの事実を知らない。

（二〇一二年三月）

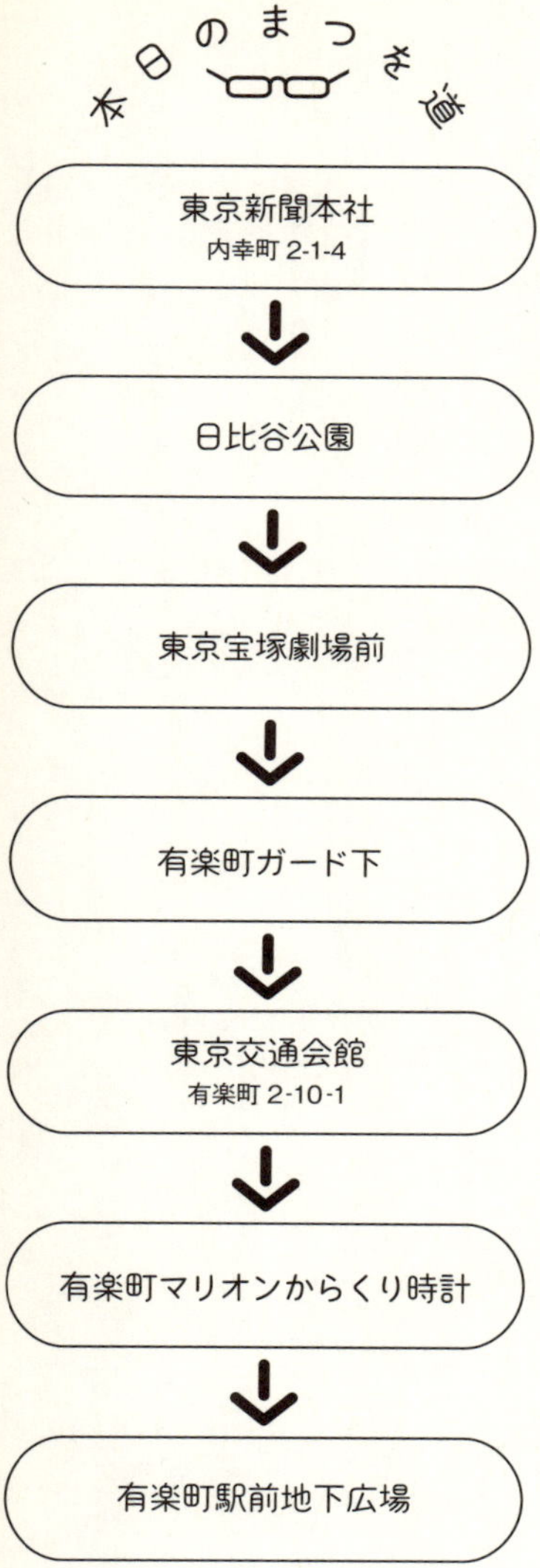

中央区

爆発の
名残りも寂し
数寄屋橋

いよいよというか、二回目だというのに、もう中央区に来てしまった。実を言うと、私も中央区の生まれなのだ。「神戸市中央区」だが。

なるほど、自治体であるからには必ず「中央」はあるはずだから、あちらこちらに存在する区名だろう。たぶん、日本で一番多い「区」なのではないか、と調べてみたら、札幌市、さいたま市、千葉市、相模原市、新潟市、大阪市、神戸市、福岡市、熊本市の十カ所だった。

ところが、「西区」や「北区」のほうが十二カ所で多く、一番多いのは十三カ所の「南区」だった。そうか、中央区と同じ意味で「中区」というのが横浜や名古屋など六カ所にあって、分散されているようだ。

そんな、多くの人々の身近に存在しているはずの割に、ほとんど親しみを感じないネーミングの街、東京都中央区を徘徊する。

大人は健康的に昼の中央区を歩き廻る

まずは、佃にある住吉神社からスタートすることにした。中央区といえば、まず銀座なのだけれども、「暗くなった頃、銀座にいる」という偶然の装いが大人としては必要なので、ここはひとつ健康的に参拝から始めたい。

神社の鳥居が、川の堤防の上に立っているのはなかなか面白い光景だ。通常、鳥居はそれをくぐれば、さらに高みを目指す位置関係にあるのではないか。ここでは、鳥居から、階段を下りていくことになる。ここには以前も来たことがあったが、寄進をした人への返礼として贈り主の名を掲げる木枠に皆が「三千円」だ「五千円」だと奉納している中、唯一「四千円」の部があって、名札には「笑福亭鶴瓶」と書かれていた。何か、巧妙な印象を受けたものだ。

神社の謂《いわ》れが彫られた銅板を読むと、「住吉」というだけあって、やはりここのルーツは大阪にあるらしい。いや、この地の名「佃」も大阪の地名を移入したのだった。家康の意向で東京に移住した大坂の漁民が、城に納品しない小魚を煮て自分たちで食べていた物が「佃煮」で、それが江戸の名物になったというのだから面白い。東京土産として知られる「名菓ひよ子」が福岡県飯塚の名物だったことは有名だが、佃煮はある意味大坂名物であるといっても、間違いではないかもしれない可能性もなくもないとは言い切れないのだ。

月島を抜けて銀座界隈に向かおうかとした刹那《せつな》、古風な高札が川の中に立っているのを見つけた。

「此の場所には、江戸時代後期寛政拾年（一七九八年）徳川幕府より建立を許された大幟《のぼり》の柱・抱が、埋設されておりますので立入ったり掘り起こしたりしないで下さい。佃住吉講」とある。

もちろん、この真新しい質感の高札が立てられたのは最近だろうけれど、これを立てるきっかけは、掘り起こした、あるいは掘り起こそうとした奴がいる、ということではないのか。しかし、それをさせないための威《おど》しとして、「徳川幕府」を持ち出すあたりがなかなかの価値基準なのである。苦しゅうない。

笑ってしまうほどたくさんの「もんじゃ焼き」店が密集する月島を通り抜けて、勝鬨橋《かちどきばし》を歩いて渡ると、小さなどうでもいいことをいろいろと発見できる。

ジグザグと、まるでファスナーのよう

勝鬨橋が可動橋だった頃に使用されていた信号

この橋が、もともと中央部分から割れて跳ね上がる可動橋だった名残りといえる、操作棟の手前にある信号機。この信号を守らないと、やがて橋の下を船が通るため、徐々に勾配が急になり、可動部分まで進んでしまった乗用車などは、後ろにずり下がって天を向いて発射を待つミサイルのようになってしまうか、裂け目から海へ真っ逆さまに落ちたのだ。知らないけれども。

勝鬨橋は一九七〇年を最後に開かなくなってしまったが、今もファスナーのジグザグのような裂け目がぴったりと嚙《か》み合っていて、その機能を想像することは容易だ。建造物としては国の重要文化財に指定されているのだが、にもかかわらず欄干などに落書きをする馬鹿もいる。「月島→晴美」と書いて、「美」の横に「海」と書き直してある。「晴海」と書こうとして間違えたのだ。付き合っていられないので、銀座に向かう。

昭和通りにさしかかると、有名なインド料理店「ナイルレストラン」のご主人がいた。一九四九年創業以来の暖簾《のれん》を守る有名人だ。「中村屋のボース（ラス・ビハリ・ボース）」とともにインド独立運動で活躍したA・M・ナイルの子孫である。すごいね。

文壇バーのドアとの付き合い方

それにしても、銀座には名店が多すぎる。私にとって、銀座は背伸びをするための場所であるから、優先順位としては文壇バーが筆頭に来る。私は文壇を目指しているわけではないけれど、何と

老舗の文壇バー「銀座・ルパン」

なく大作家たちが座ったスツールに座って洋酒のグラスを傾ければ、自分が妙に奥行きのある人物であるかのような錯覚妄想に浸ることができて心地が良い。革ジャンパーの短い襟を正して、由緒正しきドアを押す。引くのだった。

坂口安吾や太宰治が座っていたカウンター席に、当たり前のように座って、時間が滑る雰囲気を緩やかに楽しもう。ここに来たのは四半世紀ぶりだろうか。随分とご無沙汰を、と恐縮する私にベテランのバーテンダーさんは、「一昨年くらいかな、小米朝さん（五代目・桂米團治《よねだんじ》さんの前名）と楽しく賑やかにいらっしゃいましたよ」とにこやかに教えてくださった。うう、米團治さんと酔っ払ってうかがって、騒いだ挙げ句にそのことを私はすっかりと忘れてしまっていたのだ。錯覚妄想ではなく、錯乱忘却だった……。

空きっ腹で飲んでしまっては、また今日もおかしくなる。腹ごしらえに、ひとまず「よし田」のコロッケ蕎麦を手繰る。ゆうに三十年ぶりの逸品。コロッケといっても、芋がぼそぼそとくずれるようなものではなく、鶏ひき肉を山芋と卵でつくねのようにして素揚げしたものだそうで、すこぶる蕎麦に合う。

もちろん、蕎麦屋では日本酒だろう。当たり前だ。そうでないと失礼だ。何に失礼なのかわからないが、何だかんだと理屈を付け、言い訳を募っては、ジャパニーズ・サケを啜《すす》り込む。

相当に体表温度が上がった状態で外に出るも、コイン・パーキングの「オールタイム　10分／500円」の看板にただただ驚き、血の気も引いた。たったの一時間車を停めて三千円だ。京都大原三千院。東京オールタイム三千円。あまりの驚きに歌ってしまったではないか。

さて、二軒目の文壇バーである。

私が滑舌も怪しく、「まり花、という文壇バーがあった」と、かつて銀座に存在した店名を口走ったら、どこかで調べてきたのだろう、担当氏が「こちらです」と案内する。もうすでにないバーなのに、案内されるとはなかなかの酩酊《めいてい》状態だと自覚するも、誘われたのは似て非なる「茉莉花」という店だった。そして、読み方も「ジャスミン」なのである。看板は「シャスミン」になっていたけれども。

「芸術は爆発だ！」

そして、もちろん明らかに別人のママさんの話を聞けば、何と演出家で作家の故・久世光彦氏夫人ではないか。「ご主人には『水曜劇場』や、TBSを辞められた後のNHKのドラマでお世話になりました……」などと言っているうちに、素晴らしい焼酎「侍士《さむらい》の門」やら手料理やらが次から次へと出てきて、無自覚に楽しいだけの時が過ぎてしまった。〈＊二〇一二年閉店〉

愛情おつまみ攻撃から身をかわすように飛び出し、エレベーターでは、最近被害が銀座周辺で発生しているという「抱きつきスリ」に気をつけつつ、定員六名で四百キロまでという容量だと六十六キロだからすでに私は一人分をオーバーしているので駄目だと嘆きつつ、銀座へ来れば思い出す、落語界では知らぬ者はいない老舗バー「美弥」へ。二〇一一年に亡くなった立川談志師匠が溺《でき》愛《あい》したバーだ。

壁にあるパネルの千社札群には、次から次へと貼り重ねられた藝名の数々が。懐かしい藝人、歌手、スポーツ選手、文化人の名前がおびただしくひしめき合っている。パネル以外にも、漫才をしていた頃のツービートの名が天井にぽつんとあったり、先代の柳家小さん師匠のボトルがひっそりと棚に並んでいたり。古き良き藝人さんたちの息づかいを感じながら雰囲気に呑まれていると、カウンター内でアルバイトをしている談志師匠の弟子・立川キウイ君が、嬉しそうに故・家元が生前自分で書いた戒名の札で脅してくるので、ふと我に返り退散。〈＊二〇一六年閉店〉

そこから至近にある数寄屋橋公園の、岡本太郎作「若い時計台」の下で、長年の持病である「憑《ひょう》衣《い》癖」を確認して、ようやく帰途についたのだった。

長かったなあ。恐るべし、中央区。

（二〇一二年四月）

本日のまつを道

住吉神社
佃 1-1-14

↓

月島もんじゃストリート

↓

勝鬨橋

↓

銀座・ルパン
銀座 5-5-11　塚本不動産ビル B1F

↓

そば所　よし田（7丁目より移転）
銀座 6-4-12 KNビル 2F

↓

茉莉花（閉店）

↓

美弥（閉店）

↓

数寄屋橋公園
銀座 5-1

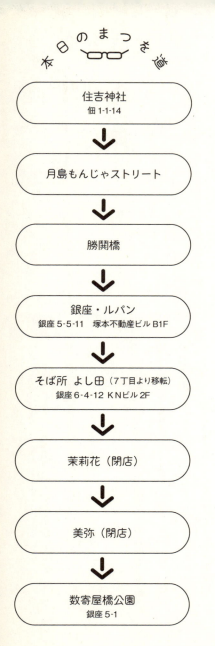

港区

女の子
履いたか吐いたか
赤い靴

野口雨情の「赤い靴」は童謡でありながら、どことなくこの世の暗部というか、子供たちの知らない世界を想像させ、そして想像はするけれど、知らないほうがいいのかも、という気分にさせる歌だ。異人さんが出てくるのだからと勝手に港町を想像し、横浜か神戸が舞台の出来事がモチーフになっているのかと思い込んでいた。港町といえば一応は「港区」だからそうだけれども、麻布十番だったのか。違うかもしれないが。というわけで、今回の徘徊は港区である。

まずは、麻布十番にある「赤い靴」の女の子の「きみちゃん像」にやって来た。台座に記された説明は「赤ちゃんの時、いろいろな事情でアメリカ人宣教師の養女に出されます」と、随分ざっくりとしている。ひょっとすると、この文面を書いた人もあまり自信がなかったのか。

赤ちゃんの時なら靴は履いていないんじゃないのか、と揚げ足のひとつもとりたくなる。

これにはさまざまな異説もあるようで、そもそもこの定説（？）に登場する宣教師は北海道で布教をしていたアメリカ人で、「きみちゃん」が預けられる設定は無理があるとか、野口雨情の近親者によれば、雨情は特定のモデルがいる歌を作らない人だったとか、珍説にいたっては「赤」とは社会主義そのものの隠喩で、それが旧ソビエトに連れ去られてしまったという意味だとか、もっとわかりやすい異説（ただの勘違いか）では、「異人さん」ではなく「ひい爺さん」だ、「いい爺さん」だ、「人参さん」だ、「ヒアルロン酸」だと、肴がこれだけでも酒が二合飲める。もちろん最後の「ヒアルロン酸」は捏造《ねつぞう》だが。さすが雨情、雨の中、この碑と「きみちゃん像」をつぶさに観察するだけで結構な時間が経ってしまった。

「がんばろう麻布十番！」

港区といえば、麻布十番、西麻布、赤坂、青山、六本木と、あまりにも有名な繁華街が目白押しだ。その中でもこの麻布十番は老舗や名店が多い。

多いのに、最近は人通りも少なくなってしまい、何となく「赤い靴」のような寂しさを醸し出している。店頭の「がんばろう麻布十番！」のステッカーの意気込みが功を奏してくれることを願うが、近所に六本木ヒルズができたせいで、単に人を奪われただけではなく、地下通路のアクセスの利便性で、十番を通る人が極端に減ったのだという。「どこかのチェーン店」ばかりが並ぶ通路や商業施設より、個人店が点在する昔ながらの街と寄り添おうよ、港区にいる皆さん！

最近は路上駐車の取り締まりが厳しく、というよりも黄緑色の二人組によるそそくさとした作業で徹底されているが、途中で見かけた「麻布十番商店街」「警視庁」と貼られているこの赤いパイロンは、どちらの所有物なのだろうか。知っている人がいても教えないでください。

近くの有名なたいやき店で、なぜ「浪花家」なのか、由来をご主人から聞き出す。またすぐそばにある老舗「たぬき煎餅」のウィンドウのたぬきは、なぜ放置プレイのような表情で札をぶら下げているのだろうか。麻布十番ともなると、診療所の案内板もビストロのような黒板仕立てだ。

あったあった、懐かしい「こばやし玩具店」。試し折り用の大きめの折り紙が昔から置かれていて、重宝していたのだ。ガラスに「創作おりがみ」などと書かれたら、紙フェチの私は高揚してしまうではないか。

どちらでもいいのですが……

お、私の大好きな「総本家更科堀井」は今日も元気に営業中だ。着物の女将さんが飛んで出て来られて、「撮影だけじゃなくて食べてってくださいね！　私は写りませんよ！」と言い残して店内に入られた。写りません、とは写る気はない、という意味だ。ドラキュラのそれではない。それはそうだろう。

チロリアンテープでファンシーな気分に

宿敵・六本木ヒルズに近付いたところで、シンデレラ城を発見！ ツタの模様だけれど、花火でもあげたくなるフォルムではないか。「ここに城を建設せよ」というお告げだと思うが、立証はできない。

港区のシンデレラ城にてお告げを受ける

偶然できたコンクリート壁の多分、シンデレラの霊によるひょっとして、六本木ヒルズは現代日本のシンデレラ城なのかもしれない。違うと思うが。

近所には「薬局六本木ファマシィー」が。「ファーマシィ」でも「ファーマシー」でもなく「ファマシィー」だ。実際に口に出してみると、このほうが正しい発音に近い気がする。さすが、麻布十番だ。あれ、六本木か。

ファマシィー、ではなく

ファンシーな店を発見。「メゾン・ド・ロア」という。一見「ビルの名前か」と思ったけれど、店名だ。直訳すると王様の家か。中にはおびただしくカラフルなリボンが置かれている。チロリアンテープと呼ばれる物らしい。

店主は品のある婦人で、気まぐれな好奇心で覗いた私たち有象無象にコーヒーやクロワッサンを振る舞う。若かりし頃にドイツ人の医師と親しくなって、その関連から勧められて日本の総発売元になって四十年以上。需要も減り、仕入れに行く気持ちもないので、ここにあるものが売り切れたらどうなるのかしら、と遠い目をしておっしゃるのが、ドラマの回想シーンに導入される部分のような雰囲気。ぜひ末永くお元気で。

さて、港区にいるのだから、港区の冠たるランドマーク、東京タワーをバックに写真に収まらねばと、歩行者用の信号が青の瞬間を狙い、外苑東通りの真ん中に立って「ツーショット」を撮らんとすれど、生憎《あいにく》の雨で霞んで残念な画面に。しかたがないので、裏路地を歩くことにする。

懐かしきバーの思い出

何だろう、この黄色い看板の「六本木金魚」にあるシンボルマークは。ショーレストランで、ダンスやレビューのようなものが観られるエンターテインメントスペースらしい。しかし、この形は何だろう。てっぺんから「ろっぽんぎ」の文字が、京都・六波羅蜜寺《ろくはらみつじ》の空也上人像の口から出る六

この看板も今は変わっています

体の阿弥陀仏のように並んでいるのが意味深だ。

少し進むと、私にとっては懐かしいバーがいくつかある。あった、と言ったほうがいいかもしれない。亡くなったタレントで元ビジーフォーのウガンダ・トラさんが、六本木駅にほど近い墓地の向かいでバーを経営なさっていた。その名も「墓バー」。

私はデビュー当時、先輩のタレントによくここへ連れて来られて馬鹿騒ぎに加担したものだ。その後、どこかの沿線で焼き鳥店をなさっていたと風の便りに聞いたけれど、そちらには行く機会がなかった。巨漢タレントのハシリで、現在でも冗談慣用句となっている「カレーは飲み物」という迷言を生んだ異才だった。

六本木の交差点の東側の角は、バブル以前、ディスコ文化の名所でもあった。「NIRVANA」の場所には以前、「キサナドゥ」があったのではないか。〈＊現在は「NIRVANA」も閉店〉
スクエアビルというディスコばかりが入ったレジャービルもあった。「ギゼ」「チャクラマンダラ」「フーフー」などといった有名店がぎっしり詰まっていた。「フーフー」はビルの九階で、エレベーターではなく階段をフーフー言いながら上れば、割引もあったなあ。
ドレスコードも厳しかった。ジーパンは入店お断りという店が多く、学生の私たちが断られているのを尻目に堂々とジーパンで入って行く女性を見送りながら、「何でユーミンはええねん！」と文句を言ったものだ。ユーミンだからだけれど。

このすぐ裏にも、行くと必ずと言っていい確率で吉川晃司君やドラマーの村上〝ポンタ〟秀一さんと遇えたバー「BOO!WHO?WOO!」が。昔、コント赤信号の小宮孝泰さんと林家こぶ平（現・九代目正蔵）さんと待ち合わせをしたら、こぶ平さん、随分と遅れて来たかと思うと女性連れで、十五分ほどで二人で消えてしまい、「何か事件に巻き込まれたのでは！」と、携帯電話のない時代、六本木の街を小宮さんと捜しまわった思い出がある。こちらは今でも看板が出ているので、今度行ってみよう。店の名前はそのままで全く違う人がやっているなんてことはよくあるけれど、続いているのかな。

六本木は地下鉄の出口も自転車屋もオブジェも喫煙所も新しく洒落た雰囲気である、と思いながら通りかかったのが、ミッドタウンの向かいの斜めの道を入りかけたラーメン屋「大八」の跡地だ。長年、小さな建物が風化していくのを見ているが、こんな一等地に映画のセットかと思うような雰囲気で異彩を放っている。このあたりにも個性的な店が群生しているが、このままでは収まり切らなくなるので見切りを付けよう。

馴染みの店を見ない振りをしつつ路地をずんずんと奥へ入ると、タバコ屋の青い庇《ひさし》が。これはどう見ても近年取り付けられたようだが、全体の佇まいとの違和感は何だろう。もはや営業もなさっていないようだ。

遊歩道の折れた杭の犯人像のプロファイリングをしながら彷徨《さまよ》っていると、「中洞《なかほら》牧場ミルクカフェ」というお店を発見。これは何かの理念がないとこんな雰囲気になるはずがないと推察した私は、ここで牛乳を飲もうと飛び込んでみた。飛び込んだといっても牛乳風呂じゃあるまいし、普通に入ったのだが、名店なのだ。岩手県の中洞牧場のアンテナショップの役割らしいが、私が思い描いていた牛乳の濃厚な味わいや舌への絡み付きとは全然違う、さっぱりとした旨さがある。しかたがないので、ヨーグルトもいただいた。旨い！　これは後には退けない、アイスクリームも頂戴しよう。お、美味しい！　壁の時計まで美味しそうだ。

〈＊六本木の店舗は閉店。東京では銀座、池袋の店舗などで営業中〉

どうしても東京タワーに登るんだもん！

何としても東京タワーをあきらめ切れない私たちは、やはり登るしかないと結論づけた。東京に住んでいれば、いつでも登れるという安心感があるので、逆に手を出さない物件になりがちだ。東京タワーは、本当に幻想的な電波塔だ。最近、世の中の目が極端に東京スカイツリーのほうへ流れているが、実は東京タワーも、さまざまな部分で充実してきているのだ。もちろん、スカイツリーの開業に合わせたなどということはないのではないか？　それならば、肩入れしようではないか！　いや、そんなことがなくとも私は東京タワーが好きだ。登ってやろうではないか、展望台に。幻想的なエレベーターに乗って、やって来た東京の伝統的名所！

……何も見えません！　雨で霞んでしまって、景色もへったくれもないではないか！　笑うしかない！　そう、笑って待つしかないのだ。

それこそ、東京スカイツリーの展望台はこれよりもさらに高いので、景色が霞んで見えないということは、しょっちゅう起こりうる。それは、こちらから見上げるスカイツリーの展望台が、頻繁に霞んで見えることでわかりそうではないか！　こちらから見えないのに、あちらから見えるわけがないのだ。物事には、程々ということがあるのだろうな。

タワーで一番の難所は、大展望台にある「ルックダウンウィンドウ」だろう。その割にはいっぱい遊ぶのだった。ここでの綱渡りに興奮できない人と、私は友達にもならないし、フェイスブックでも繋がらない。そんな決意を新たに、タワーを降りたのだった。

地上まで145メートルという、東京タワー随一の難所をクリア！

東京タワーといえば、蠟《ろう》人形館だ。なぜか、社会からの評価だけではない基準で蠟人形が制作・展示されている。結構な広いスペースに、ジャーマン・ロックのスターたちやレオナルド・ダ・ヴィンチが描いた「最後の晩餐《ばんさん》」を立体化したものが、大きく三次元で再現されている。そして、今となってはそのことが素晴らしく思えてならない。

〈＊蝋人形館は、二〇一三年閉館〉

マスコミ業界も含め、すべての商業的なものがマーケティングリサーチと前例主義に陥っている中、東京タワーのこの発想は「好きなんだもん！」という哲学で貫かれているのだった。「これは誰が買うのか」という雰囲気の個人商店がタワー内に増えてしまっているのもいい証拠だ。東京スカイツリーにこの味は出せないだろうな。

こんなことを言いながら、追い出される前に、タワー内の「東京カレーラボ」でカレーを食べ、○。東京タワーのゆるキャラ・ノッポン兄弟との交流も忘れないようにする大人の行動としては、△だ。

（二〇一二年五月）

本日のまつを道

きみちゃん像
パティオ十番

↓

麻布十番商店街

↓

メゾン・ド・ロア
麻布十番 1-5-3

↓

六本木交差点あたり

↓

中洞牧場ミルクカフェ（閉店）

↓

東京タワー
芝公園 4-2-8

↓

東京カレーラボ
東京タワー フットタウン 2F

新宿区

アニョハセヨ
カンサハムニダ
ペ・ヨンジュン

刷り込みとは恐ろしいもので、新宿といってまず浮かんでくるイメージは、中学生の頃、毎週必死になって観ていた「太陽にほえろ！」という刑事ドラマで、石原裕次郎が建設途中の新宿副都心に仁王立ちになってタバコに火をつけ、眩《まぶ》しそうな表情で大股に歩くのを望遠で捉えた場面なのだ。高校の頃までは必死で観ていたなあ。

新宿というところは、そこかしこに犯罪者やカッコいい刑事がいて、ピストルが持ち歩かれ、現場検証が頻繁に行われている、そんな危険な街だと思っていた。まあ、実際にそれに近い部分もあったのだろうけれど。

まずは新宿区の中でも、最も国際都市の雰囲気を味わえる新大久保にやって来た。三遊亭歌奴（現・三代目圓歌）の「しんお～くぼぉ」のイメージしかなかったこの街は、すこぶるキッチュでアジアンテイストが溢《あふ》れる、無国籍というか多国籍の印象になっている。

新大久保の様子を眺めてみる

駅の改札を出て右手へ進むと、いきなりガード下の、お世辞にも美人とは言いにくい美人画が目に入る。これが何のために描かれたのかは理解できないが、天空からやって来るエイリアンへ向けてのメッセージでないことだけは確かだ。丁寧にペンキで塗られたその壁画に、告知が貼られていた。

アイホールには黄緑色のシャドウ

「山手線（23）第三大久保ガード↓お願い↑自動車等が衝突したのを見た方は、至急御連絡下さい。ＪＲ東日本　東京施設指令（電話番号）」

よく見ると、壁画に貼られてあるのではなく、埋め込まれ、四隅をビスで留められている。何だこれは！　いつの話だ！　何に衝突したのだ！　見た人、早く連絡してあげてください！

さ、次に行こう。「韓流アイドルパーク」の原色看板はどうか。どうかと言われても困るか。有名テーマパークの園内にすら、このビビッドさはないのではないか。毒々しいまでに派手な色使いは、この街の雰囲気だからこそ成立するのだろう。

ウサギを連れた自転車おじさん発見。連れた、というよりもウサギを左の掌に乗せて、昔のコントで見たざる蕎麦を運ぶ出前のおじさんみたいな状態で快走してくる。しばらく、ウサちゃんのいろんな角度バージョンを拝見。

すぐ近くの店には、ガラスの内側から結構なスペースを割いて「ＩＫＫＯさんが来店しました！」と、サイン色紙付きで誇らしく掲げられている。おかしな言い方だけれども、東京でここまで喜んでくれる店はなかなかないのではないか。ＩＫＫＯさんもお喜びだろう。

セコムしています

ある店舗のシャッターに貼られたＳＥＣＯＭのステッカーは、新聞投入口を厳重に守っているけれど、この場所でいいのか。もちろん、うっかり貼ったわけではないだろう。入念に左右の位置と水平を、注意深く「決定」しているようだ。過去に何があったのか。新聞泥棒が出たのかもしれないが、ＳＥＣＯＭの契約料と新聞代は釣り合うのか。そして、新聞はどこから入れているのか。

「ソウル市場」を覗いてみた。調味料売り場、真っ赤な唐辛子の袋に「甘口」の文字が。甘いわけないだろう！　そこそこ辛味には強い私だが、試食で最初に食べたものがあまりにも強烈だったので、そのまま失礼することにした。

大きな「ドン・キホーテ」の看板は、カタカナのほうが随分小さく、ハングルがメインになっている。少し裏路地を歩く。区と警察署が設置した「車に注意」の看板には、日本語とハングルが並記。自転車放置対策の手書きの貼り紙は、日本語とハングルと中国語で書かれている。

映画『ホテルビーナス』の撮影で、ウラジオストクに行った時のことを思い出した。街中にはロシア語、英語、ハングル、中国語の注意書きや案内が溢れていたが、日本語の看板などはただの一度も見なかった。それほど日本人が少ないのだ。にもかかわらず、領事館を置いて、専任のシェフを住まわせ、おびただしい高級ワインが所蔵されている。向こうで日本語を見るとすれば、日本から輸入したであろう中古トラックの車体に書かれた業者名を塗り替えずにそのまま使っている場合だった。そして、左折時の「ヒダリニ、マガリマス」の声も頻繁に。

話がロシア方面に逸れたので、新宿へ戻そう。

香港などで日本人観光客に読ませるつもりが、「ラーメン」を「うーメン」としてしまうような、全くいい加減な翻訳があるが、新大久保にもあった。「韓国宮廷菓子・福糸玉」に、「アジアフードヅヤパソ」と書かれている。「づやぱそ」って何だ。もちろん、「ジャパン」の誤植なのだが。

さらに、「ノしプラザ韓國カラオケ」の看板にある「ノし」とは何か。しばし考えて、わかった。盧泰愚《ノテウ》元大統領、盧武鉉《ノムヒョン》前大統領のように、盧さんという人が経営するカラオケ屋なのだ。それに敬称の「氏」を付けて、「ノし」プラザ、なのだろう。真相を確認する勇気はなかったので、通過することにしたけれども。〈＊「ノレ」（ハングルで歌の意）のようですが、閉店〉

星占い卓上自動販売機と久々の対面

残念な感じの「年」の文字

その先には、カーネル・サンダースのような役割であろう飲食店のマスコットキャラクターが佇んでいる。手にやかんとマッコリのぐい飲みを持ってニッコリ笑っている「マッコリボウズ」君だ。頬は紅潮し、すっかり酩酊《めいてい》状態になっているようだが、どう見ても未成年ではないか。

改装業者の看板代わりに書かれた「リホーム」の文字。ご年配の方が「ディズニー」を「デズニー」と発音なさったりするように、「リフォーム」を相当昔に貼ったからこうなったのか。それとも「李ホーム」なのだろうか。いや、その下に「一筋」とあるからには、やはり「リフォーム」なのだろう。それも、カッコ付きで「(50年)」とある。そして、なぜ切れ目を避けてレイアウトしなかったのだろうか。「ム」は太いから持ち堪《こた》えているが、「年」は残念な状態になっているではないか。

ぺさんに囲まれ、デジカルビと冷麺と

韓国料理の店に入ることになった。

赤と緑の独特な色合いです

体育館裏ならぬ掲示板裏に傘が集結

昔よく焼き肉屋で見かけた星占いの卓上自動販売機、こんなファンシーないでたちになって生き残っていたのか！　感動を覚えながら上面を見たら、「ご注文」「お水」「呼出し」「お会計」のボタンがついている！　アナログな機材に、ちょっとハイテクが合体して、こんなことになっていたとは、逞《たくま》しいものだ。

私たちが通された席は、一角がすべてペ・ヨンジュン氏に囲まれている。その中で、極力ぺさんと目を合わせないようにデジカルビ、冷麺、チヂミ、クッパなど、黙々といただいた。

腹も膨れたところで、スキップするような感じで歩き始めたら、独創的というよりも独走的な貸店舗の手書きポスターを発見。壁にダイイングメッセージで残されたような色調で、「お気軽に問合せください」と書かれているが、気軽には行きづらい。

お年寄りの一人暮らしが社会問題化しているとよくメディアで取り上げられる戸山の集合住宅脇を、やはり国際都市であることをだめ押ししているかのような万国旗を見上げながら通過し、「１１１０」という謎の札が貼られたトイレを発見。ほぼ日刊イトイ新聞かと思ったらそうではなかった。「いいトイレ」と読むのだそうで、

「11月10日は、トイレの日」であり、「全国グッドトイレ10」に入選した記念だったのだ。「男性用」の看板はビニールテープで仮留めされているが、他の表記はもう無きに等しいイイトイレなのだ。しっかり使おう。

そして、すぐ近くのコープ戸山店の掲示板裏に、なぜか多くの傘が隠れるようにぶら下がっている。誰かがこっそりキープしているのだろうか。謎である。

歌舞伎町からゴールデン街を散策

少し歌舞伎町の方面を散策してみようと、南へ下る。「110番通報済み」などという物騒な空気の中、ゲームセンターでクレーンゲーム。「ワンピース」のフィギュアを計二百円ポッキリでゲット。それほど欲しいわけではないのに、なぜか本能がいたずらをしてしまう。

四十年以上営業を続けている「しびれるキャバレー日の丸」のキッチュさは、「韓流アイドルパーク」に負けていない。しかし、デザインは日の丸というよりバングラデシュの国旗に近いが。

歌舞伎町については興味深い部分が目白押しなのだけれども、早めにゴールデン街へ。

私が初めてこの一角に足を踏み入れたのは、今から二十八年ほど前に、T芸能のIさんという、当時S藤Y貴さんの担当だった敏腕マネージャー氏に誘われて小さなバーに入った時だった。今でも鮮明に覚えている。三人座れば窮屈なカウンターの中で、階上の他店に繋がる階段が頭上から迫っているので、マスターがずっと首を傾《かし》げていた。二人でバーボンのソーダ割を二杯ずつ飲んで、会計が千六百円。私が足繁く通うようになったのは言うまでもない。

しかし、ここは以前、相当に荒っぽい街だった。演劇・映画・出版・音楽関係者、作家、役者が入り乱れ、酒席で前向きな批判や激論をぶつけ合いながら活動の糧にしていたのだ。中には、他人に議論を吹っかけることが目的でやって来たのかと思うような輩《やから》もいたし、細い路地の細いドアからつまみ出され蹴り出された人も何度か見た。もちろん、私は争いには介入せず、観察するのみだけれども。

二〇一一年に亡くなってしまった内藤陳さんの「深夜＋1（プラスワン）」（壁の赤塚不二夫さんのサインが懐かしい）や外波山文明《とばやまぶんめい》さんの「クラクラ」（カウンターの生前の指定席に、た

ゴールデン街にて

こ八郎さんの像が鎮座している）は居心地がよく、今も気まぐれに顔を出してはチョイと引っ掛けてノスタルジーに浸っている。

都庁にも立ち寄ってみる

新宿で都庁に触れないのも不自然なので、寄る必然を考えたら、「やはり展望室」ということになった。何とここは、地上二百二メートルからの眺望で、入場無料なのだ。

しかし、スペクタクルだけを求めても不純な気がしたので、都議会議事堂などを社会見学。なあるほど、あのお爺さんはあそこの席で目をシバシバしているのかぁ。

案内板に訂正のシールが。「Citizen's Plaza」の最初を「Si～」とでもしていたのかな。

イサム・ノグチらの彫刻やオブジェが数十点、敷地や建物内に点在していて、これにいくらぐらいかかっているのかなあ、などと私らしく不純な気持ちで歩き回ったり、オブジェでジェンガごっこをしたり。妙にポップなオブジェがあると思ったら、放射線測定器だった。「放射線測定中　さわらないでください」とあるが、触ると影響するのかな。

なかなかに大掛かりで水の仕掛けもある彫刻作品があったが、作者名などがわからず、どこにキャプションがあるのだろうと探したら、「庁舎及び敷地内では、左記の行為を禁止します」という立て看板の台座に塞がれていた。「水の神殿／関根伸夫」だった。お気の毒さまです。二番目の項目の「美観を害する」のは、この立て看板なんだけれどなあ。
四十五階に上がると、「緊急地震速報が放送された場合は速やかにこの場所から離れて下さい」と注意書きが。この場所とは何を指し、離れるというのは何メートルなのか、意味がわからなかった。ポスターから離れればいいのか、都庁から離れるのか……。

しかし都庁展望室、これでタダとは太っ腹。ちょうどよくリアルに眼下の景色を見られる高さなので、これは値打ちがある。北側と南側の展望室では、南側のほうが景色がいいのに、南のエレベーターに乗りかけた中国人観光客たちは大挙して北へ向かった。何でも、土産物スペースが大きめなのだとか。無問題よ。

（二〇一二年六月）

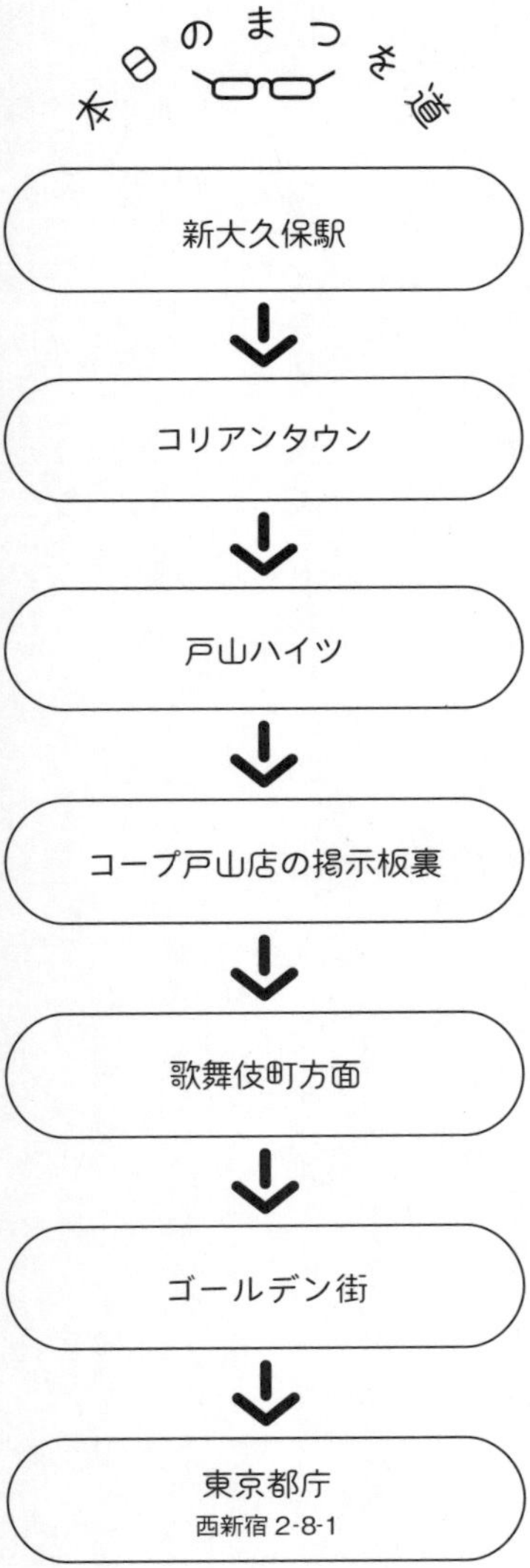

文京区

孔子廟をくぐり抜け
見上げる
金魚屋の坂に

文京区と聞けば、私の頭の中では「音羽」と続く。新宿区と聞けばいまだに「牛込局区内」であり、港区では「赤坂五丁目」なのだ。これはきっと放送局がプレゼントなどの応募宛先を頻繁にテレビの中で言っていたので、染み付いているのだろう。

「牛込局区内」は昔、河田町（最寄り駅は曙橋）にあった頃のフジテレビの宛先で、「赤坂五丁目」は今も変わらずTBSのそれだ。しかし、文京区の「音羽」は、出版社がニュースやワイドショーで頻繁に取り上げられた時、一気に染み付いたのである。

文京区には出版社が多い。実際にその割合を知るわけではないけれども、大手の出版社はほとんどが文京区にあるような気がするほどだ。ぼんやりと想像するに、江戸時代、このあたりは武家屋敷が多く、その広大な敷地に大学などの教育機関や大病院などが一斉にできて、顔を見て話すか書簡や印刷物という情報のやり取りしかできない時代には、それらのそばに拠点を構えることが当然のことだったのだろう。

もちろん、文人たちも多く集まるようになってさらに「文の京」として発展していったのだと想像できる。実際、夏目漱石や森鷗外も、このあたりをウロウロしていらっしゃったのだろう。

まずは孔子さまにご挨拶

象徴的な場所がここ、「湯島聖堂」である。である、などと言っても、私は今回訪れるまで、ここが孔子廟だということを知らなかった。孔子の霊廟なのですね。

しかし、国有財産で文化庁などの所管なので、お参りしている人たちの賽銭というのか浄財というのか、拝殿のようなところの前に置かれた箱に投入されたお金は国庫に入るのだろうか。

でかい孔子さんの像に挨拶をして、祈願に来られた皆さんの願いが記された絵馬を拝見することにした。もちろん、学問成就をお願いするのだろうけれども、どこか孔子に対する態度と菅原道真に対する態度に、質の違いのようなものを感じた。

何だろう、絵馬に残されたチューリップに配電図のような文様は。一方、ちゃんと文字で書かれているものもある。

「住所 根なし草 氏名 平成の関孝和」

別の絵馬には
「住所 here 氏名 Who am I?」
と書かれている。……なめとんか。

折リンピック絶賛開催中!

かねてから一度行ってみたいと思っていたところが、そう遠くないところにあった。「おりがみ会館」である。

常にさまざまな展示が、季節や時流に合わせて企画されているようだ。スカイツリー、龍、オリンピック、恐竜、人形浄瑠璃、七福神などの縁起物などなど。この日は「Let's 折リンピック! 集まれ! 折りガール! 折りボーイ!」が開催中だった。私たちが子供の頃に触れていた折り紙とは隔世の感がある。発達、進化、多様化が目覚ましい。

「折りボーイ」になり遊んでおります

紙を作る技術は世界に誇れるものがある日本には、もっとこの文化を大切にしていただきたいものである。それでなくとも高齢化が深刻な問題になっているのだから、安上がりで場所も取らず、指先を動かしてボケ防止、子供たちとのコミュニケーションの手段としてももってこいの折り紙を、日本の国技にしよう。

そうなると、このおりがみ会館は国技館だ！

そして、私は書きながら着地点を見出していない。残念なことである。

なんとなく円陣に加わってみる

小林一夫館長によるさまざまな折り紙の実演とべらんめえの解説で楽しく勉強させていただいた後は、全く対極にあるであろう「日本サッカーミュージアム」へ。前の道路にも「サッ

小林館長の折り紙実演で楽しく学びました

カー通り」という名前がついている。隣接する湯島幼稚園のコンクリート塀には、ハイハイをしている赤ちゃんがサッカーボールで遊んでいるところから、活発な少年に育っていき、オリンピックとワールドカップでダブル優勝するまでのイメージ画が、類人猿からクロマニヨン人を経て現代人に進化する様子を描いたイラストレーションのように描かれている。ここはサッカーの街なのだ！

選手たちの円陣にも加わり気合を入れてはみたものの、いかんせん、私はサッカーにそれほどの思い入れはないので、軽く流して見せていただいたけれど、好きな人には垂涎《すいぜん》の展示が凝縮されているので、ぜひムードに浸っていただきたい。３Dの試合映像は迫力があったなあ。

壁画はやはりサッカー

加わってみました！（協力：日本サッカーミュージアム）

湯島から本郷界隈を探訪

ありゃ、いつも第三京浜を通る時に見ていた工場「オカモト株式会社」の本社は、ここにあるのか。〇・〇三ミリの恩恵に、皆さん感謝なさりませ。このあたりは大学病院も多いので、医療器具の会社も多いのだな。コンドームが医療器具かどうかは知らねども。

本郷三丁目の交差点に小間物店「かねやす」発見。店頭に「本郷もかねやすまでは江戸の内」という江戸時代の川柳が誇らしげに掲げられている。「江戸」というと、本来はここまでだった、という主張がなかなかのプライドを見せてくれている。

その向かい側あたりに、「ホテル機山館」の案内看板が。懐かしいなあ。泊まったことはないけれど。デビュー当時、その頃の事務所の社長と上京して、有楽町のニッポン放送で仕事をした帰り、

「社長、今日はどこに泊まるんですか」

「え〜、ジンギスカンやったかな」

「変わったホテルの名前ですね」

「あ、ちゃうちゃう、カサブランカ」

シャッターの文字も堂々と

江戸時代からの老舗による隠れ家カフェ

「全然違いますやんか。チェックインしたんでしょう?」

「あ、マッチがあった」

「見せてください……、機山館やないですか」

「似てるやないかい!」

という会話をした記憶が蘇《よみがえ》ってきたのだ。

金魚坂と呼ばれている小道に、メルヘン調の建物が。「珈琲 金魚坂」である。ここで三百五十年もの間、金魚を扱い続けている老舗が経営している。

入るといきなりリアルな表情の小さな女の子の人形に脅かされ、「あーびっくりしたあ」と呟《つぶや》きながらコーヒーをいただく。多分七代目、とおっしゃる女将さんに謂《いわ》れや歴史をうかがい、古地図で「吉田(江戸時代の屋号)」さんを発見し、釣果《ちょうか》なしの釣り堀体験をさせていただくことができた。貴重なお話をありがとうございます。

文京区に来たら、懐かしい赤門の前で記念写真を押さえておかないと。と、学問に始まり学問に終わる文京区だった。赤門、懐かしいなあ。昔、よくここをくぐっている人を「すごく勉強が好きなのだろうなあ」と眺めたものである。

（二〇一二年九月）

本日のまつを道

湯島聖堂
湯島 1-4-25

↓

おりがみ会館
湯島 1-7-14

↓

日本サッカーミュージアム
本郷 3-10-15

↓

本郷三丁目交差点界隈

↓

金魚坂
本郷 5-3-15

↓

東大赤門前

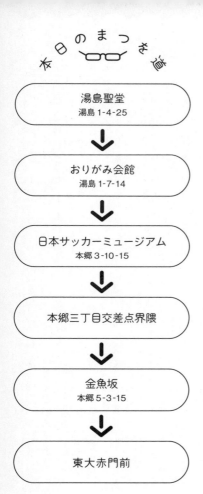

台東区

新にゃか君
河童の立つ瀬を
奪いけり

台東区といえば浅草、と連想する人が多いのではないか。

この街には古い東京が残っている、と言うと陳腐な言い草になってしまうけれども、少なくとも「人情」や「おせっかい」や「損得抜き」や「やせ我慢」という感じの前時代的な言葉が似つかわしい。あくまでも印象である。私がそういう印象を持ってしまっているのは、単に希望的観測なのかもしれないが。

よく、大阪のおばちゃんをユーモラスに語る時、必ずと言っていいほど使われるのが「豹柄好き」という表現だろう。ところが、この浅草という街にも、豹柄やアニマルプリントの衣料は少なからず売られているし、上手に着こなしている人もいるのだ。

「おせっかい」もそうだ。キャンデーやみかんを配る人は見かけないけれども、ここは「かかわり合い」を楽しんでいるように見える街だ。

浅草といえば、東京を代表する街の一つだけれども、例えば観光土産は別として、ショッピングやビジネスで日本中から集まる人は、あまり浅草のような土地に集まらないのではないか。

青山、赤坂、恵比寿、渋谷、六本木、銀座、新宿あたりをうろついて、そこにいる大勢の人を「東京の人間」と勝手にレッテルを貼り、「道を聞いても素っ気ない態度を取られた。東京の人間は冷たいでえ。大阪やったら、いらん言うてもそこまで連れて行くで」などと論評する人もいる。しかし、そんな街を歩いている人の結構な割合が「他所《よそ》から来た人たち」だということを忘れてはいないだろうか。虚勢を張って、なんとか都会人の顔をつくっているのだ。そんな人に道を聞いても「わかりません」と素っ気なくコミュニケーションを断ち切られるのは当然ではないだろうか。

もちろん、浅草にもいろんな地域から多くの人がやって来ている。しかし、効率のみを最優先するような人は、この街では少数派だろう。おそらくは下町の気風になじめる人だけが定着しているのではないか、と想像する。近辺の住宅街できょろきょろしていると、「どこをお探し?」なんて声をかけてくれるおばさんがいるのだ。冷たいなどと感じることはない。

東京といえども、一つの地方であり、どこだって人情は同じだ。みんなが他所で語りたがる「おしゃれ系の街」が異常なだけなのだ。知らないけど。

合羽橋「河童伝説」を知っていますか

さて、なぜか今回は合羽橋から始めることにした。私好みの、いかにもキッチュな「河童伝説」が少々無理やり生み出され、人々は金ぴかの像まで拵《こしら》えて崇《あが》めているからだ。

江戸時代、このあたりに伊予新谷の城主の下屋敷があって、下級武士というか足軽たちが、給金だけでは食えないので、雨合羽を作る内職をしていて、このあたりの橋の欄干に干していたことからこういう呼び名になったという話を聞いたことがあった。

しかし、この金ぴか河童像の記念碑に書かれている解説は、少しどころか相当違う。文化年間、合羽屋喜八という人が、私財を投げ出して掘割工事を施し、水はけをよくしようとしたところ、なかなか計《はか》が行かない。それを見物していた隅田川の河童たちが心を打たれ手伝ったと。そして、その河童を見た人は運が開けて商売繁盛、というめでたい話が記されている。

素晴らしい話だけれども、合羽屋という名前の人物を河童が助けたとは、あまりにも語呂合わせがすぎましょう。とはいえ、ここは理屈よりもムードを重んじましょう。しかし、この河童像のアジアンチックな色調と質感はいかがか。

これも「商品」なんです

その台座には作品のタイトルが。「かっぱ河太郎像」とは、伝説とはいえまたもや直接的なネーミング。しかしそれよりも不可解なのは、その下にある「台東区長 吉住弘 書」とあることだ。ここにご自身の名前はいりますか？ 外れたところに、原型と鋳匠のクレジットが彫られているけれど、この人たちの名前を優先すべきではと独りごち、合羽橋探索へ。

ある店先に立つと、「係のものがご案内致しますのでしばらくお待ち下さい」とあるのでしばらく待ったけれど、あきらめて歩き始めた。その立て札自体が売り物だったのだ。

ここはかっぱ橋道具街。わかっているくせになあ。

めくるめく香りに誘われ「コピ・ルアク」を

東京中と言ってもいいくらいに、あちらこちら近郷近在から、飲食店関係者や調理好きな人たちがこの地へ道具を買いに来る。ある意味プロフェッショナルが集まる街だ。

そんなプロ臭がするコーヒー豆の店を発見。店頭には、「ユニオンの豆　珈琲通を唸らせる　玄武洞」という句が掲示されている。

大量の、さまざまな豆が溢《あふ》れる店内には、毎日四、五杯は飲むほどコーヒー好きの私にとっては、焙煎した豆のめくるめくような苦甘い香りが充満していて、すこぶる居心地がよい。いや、純喫茶ではないので長く居座る場所ではないのだけれど。

一度本物を飲んでみたいと思っていた高級コーヒー豆「コピ・ルアク」がある！　五十グラム二千百円也。

これはご存知の方も多いと思うが、インドネシアのジャコウネコが飲み込んだコーヒー豆が未消化のまま、うんこさんに交じって出てきた物を洗浄、天日干しした豆だ。五十グラム二千百円也。

十数年前、最初にこの話を聞いた時は、「ただのフェティッシュ的な物」としか思えなかったのだけれども、興味だけは燻《くすぶ》り続けていた。五十グラム二千百円也。

今、私はこれを、原稿を書きながらまさにいただいている最中なのだけれど、うんこさんの中にあったからかどうかはわからないが、確かに程よい甘みと香りの良さに、気高さを感じる。毛高さと言ってもよい。なぜ。とにかく旨い、美味い。こうでも思わなければ元が取れないぞ。五十グラム二千百円也。

〈＊現在は五十グラム二千百六十円〉

日本の「店頭芸術」を体験

ここは玄人だけの街かというと、そうではない。そもそもは玄人のための物だったけれど、観光資源となった物がある。ご存知、日本が編み出した「店頭芸術」、そう、「食品サンプルー！」とドラえもんの先代の声のような勢いで声に出して言ってください。

全国、というより全世界からこのキッチュな文化目当てに人々が押し寄せているのだ。押し寄せるほどではないけれど、ちらほらいるぞ。

余談だが、料理を一食分、本物を作って店頭に置いて客寄せをしている飲食店があるけれど、どういう神経をしているのだろうか。食べ物を、毎日無駄にすることを前提に食材を使って、生ゴミにしているのだ。もちろん、店先に飾っている間に乾き、延び、虫がたかる。ここはぜひ、質感の変わらない食品サンプルに替えていただきたいものだ。

しかし「ロウだから融《と》けやすいじゃん」とおっしゃるあなた、中年以上ですね。今時は変色、変形、変質がしにくい材質に変わっているのですよ！

最近の造形術の進化たるや、目を見張るものがある。器ごと床に落として割れたかけらからこぼれ出るビーフシチューのムンクの叫びを見よ。シラタキの透明感と、焼き豆腐のテクスチャーを見よ。梅干しのマグネットを見よ。そして、なぜか伝統的に、麺類はうどんも蕎麦もスパゲティも、箸やフォークがつまみ上げたところで固まっているポルターガイスト風の物が多い。自分で持ち帰って製作できるキットまで売られていた。

最近、食品サンプルを並べるタイプの飲食店は減った気がするが、こういうアイデアを繰り出す業者は生き残っていくのだなあ。まつを。

そんなことをぶつぶつ呟《つぶや》いていると、「やりますか」と声をかけられた。

「やりますか」と聞けばその前に「一杯」が付くのは常識だが、違った。サンプルを作らせてくれるというのだ。ここはそういう体験をさせてくれる店らしい。

昔ながらの、加工がしやすいロウを使った製作体験だ。冷静な先生の手本と指導で、私の作品ができあがった。美味そうでしょう。食べられません。
なかなか器用に作るものだと感心してくださったあなた。実は誰でも作れるように手取り足取り教えてくれるので、これぐらいは普通なのです。

製作体験を終えて出てくると、歩道の端には巨大な海老のにぎり寿司が。持ち帰りは禁止の模様。

おいしそうな海老天、できあがりました！

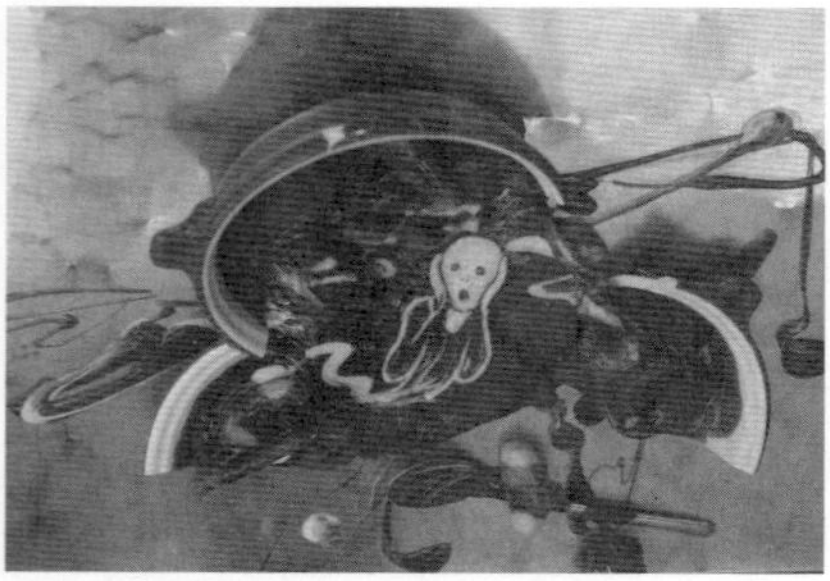

鍋が割れ、頭を抱えるムンク

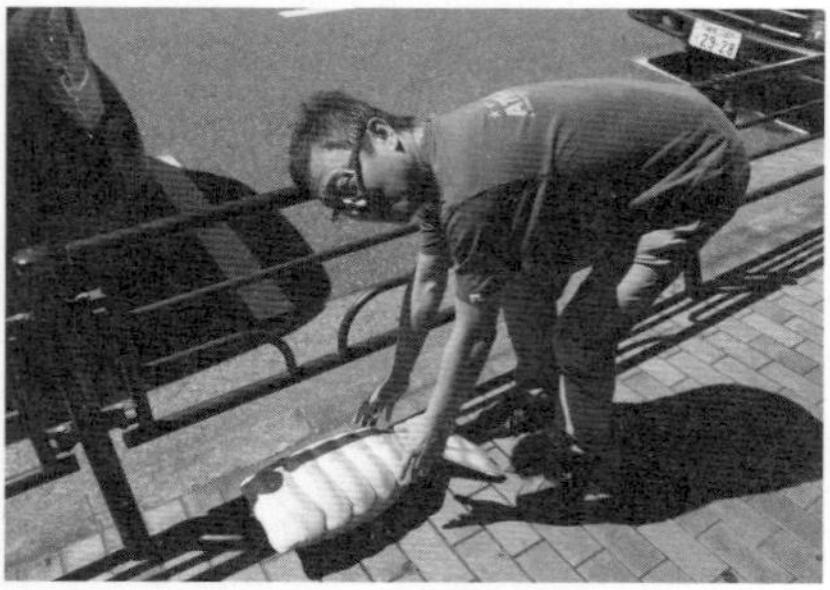

海老のにぎり寿司を発見！　ラッキー

次は鍋屋さんだ。鍋屋というと、しゃぶしゃぶ屋さんとかてっちり屋さんを思い浮かべるが、もちろん道具としての鍋の専門店。大鍋、小鍋、両手鍋、片手鍋、土鍋、雪平（行平）、寸胴、餃子、オムライス、ピザ、タジン、パエリヤ、中華……。

気がつけば、長時間煮込んでも焦げにくいという、日本ならではの技術の結晶「プロキングシリーズ」を買ってしまったではないか。なぜか九十五万円もする鍋ロボットまである。どういうニーズを見込んでのことかは、とてもスタッフの皆さんが善い人すぎて聞きそびれてしまった。

メインの通りだけではなく、脇道に入ると、次から次へと河童たちが存在を主張してくる。恐ろしいまでに河童は私たちに襲いかかる。あくまでもイメージだが、襲いかかってくる。店先にも、自販機の裏にも、地面にも、広場にも、軒先にも、雀荘の看板の前にも。

あ、これは違った、おじさんが道端に座り込んで休憩しているだけだ。上半身裸だから勘違いしたではないか。

世界の宮本卯之助商店で太鼓をたたきまくる

伝統あるこの街らしい店に、お神輿・太鼓の製造・販売・修理などを手がける「宮本卯之助商店」がある。店には祭礼の用具や邦楽の楽器などが網羅されていて、おそらくは日本中の古典芸能に携わる人がここで道具を買い求めるのだろうと想像させる。

今回たまたま再訪したが、前に一度だけ訪れたのは、講談師が講釈の時に使う「張り扇」を買うためだった。「くしゃみ講釈」という古典落語を落語会でやるのに、見台をぱぱんぱんと叩《たた》くのに必要で、「あれはどこに売ってる物かなあ」と探しまわっていたら、落語家の桂吉坊《きちぼう》さんから「東京やったら宮本卯之助商店にありますがな」と教えてもらって赴いたのだった。一つでいいのに二つセットだったことに少々ひるんだことは言うまい。言うとるがな。

店の四階には、古今東西の太鼓という太鼓が収蔵されている太鼓の博物館がある。太鼓だけではない。広義の打楽器と呼ばれる物や、歌舞伎などで効果音を出すのに使われる道具類が、基本的に手で触って実感する形で展示されている。案内してくれる女性の方が美人揃いであることにも驚いた。因果関係の分析は、また次回に（嘘）。

どんな音がしますか？

仲見世に近付くと、人力車を多く見かけるようになる。ちょいと微笑ましかったのは、人力車の研修をやっている車に鉢合わせした時だ。バスやタクシーは見たことがあるが、車夫が車夫を乗せて、ひっひっふうと走っているのはなかなかに「ごっこ」の感じがして微笑ましいものだった。

ウサギのように見えるが実は猫らしい、新仲見世通りのゆるキャラ「新にゃか君」に脱力しながら、「店頭就寝厳禁」の注意書きに緊張しつつ、気がつけば、六区通りの街路灯に掲げられた浅草所縁の藝人たちの正蔵、もとい、肖像（写真）を拝みながら、私はコップ酒の正蔵、もとい、衝動を抑えきれず、無理やりに今回の徘徊を予定終了と決めたのだった。

（二〇一二年十月）

本日のまつき道

かっぱ河太郎像
松が谷 2-25-9

↓

かっぱ橋道具街

↓

世界の珈琲とお茶の専門店
ユニオン
西浅草 3-7-3

↓

元祖食品サンプル屋合羽橋店
西浅草 3-7-6

↓

お鍋の博物館
西浅草 2-21-4

↓

宮本卯之助商店／太鼓館
西浅草 2-1-1

↓

浅草演芸ホール前

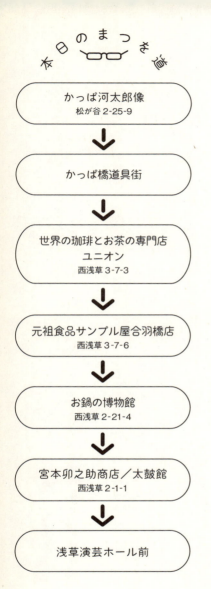

墨田区

座布団を投げたら「玉屋」と花火好き

戯作者の山東京伝、鼠小僧次郎吉らが葬られていることでも有名な回向院から墨田区の旅はスタートする。

　これは旅なのか。永六輔さんはかつて「知らない角を一つ曲がると、それはもう旅の始まりです」とおっしゃっていたではないか。今回も知らない角をいくつも曲がるので、旅の始まりはクリアしている。話が横道に逸れてしまった。おお、また旅が始まったか。

　ともあれ、回向院だ。現在では大相撲を「国技」と捉える人が多いが、そのプロセスの中で大きな役割を果たしたと言っていいのが、ここの敷地内に造られた旧「国技館」の存在だったのではないか。「両国元町常設館」だった小屋に一九〇九（明治四十二）年、板垣退助らの後押しで「國技館」の名称がついたことにより、かねてからの「相撲は日本の国技なり」という提案が認知されていくきっかけになったのだろう。

境内にある「力塚」は、なかなかに迫力がある。物故力士や協会年寄の霊を祀る巨石碑だが、これぞ「男！」という力強さがある。「宝塚」の正反対だ。いや、意味は違うけれども、男性だけの興行と、女性だけの興行にこじつけてみた。

境内には愛犬供養の立派な石碑もある。「東京優良畜犬店のれん会」からの供花があった。団体名のネーミングにしばし身震いをして、猫の銅像に供えられた「おっこへ、ババより」という缶詰にほのぼのとして、なぜか「猫塚」の隣にある「鼠小僧次郎吉の墓」の石を削って、ポケットへ。

何という行儀の悪いことをと思うなかれ、案内してくれたお坊さんの勧めでやった次第。削った欠片《かけら》をお守りにすれば強運が転がり込むというので必死になったけれども、欠片というよりは少々粉が出たのでポケットに入れて持ち帰り、忘れて洗濯をしたら消えてしまった。このまま粉は下水管を通って海に流れていくのだろうか。私は全世界に強運を振りまく男となった。

両国駅周辺を駆け足、スキップで

近くに両国花火資料館があった。オフィスビルの一階のレストラン部分〈＊現在は閉店〉の裏手にあり、小さなお土産屋さんの雰囲気だ。ビルの広場には花火のデザインがモザイクで描かれていて花火気分を盛り上げる！　花火を打ち上げる筒や尺玉の断面、花火師が羽織る半纏《はんてん》などを見学して、先を急ぐことにする。急ぐ理由は何もなかったが。

大きな交差点の角に、弁当屋さんの「ほっともっと」を発見したと思ったら、「びっくもっく」だった。なぜ「ビッグマック」と見間違えなかったのだろう。〈＊現在は閉店〉

両国駅へ向かう歩道には、歴代の横綱の、小振りな銅像が並んでいる。さすが「相撲は神事」というだけあって、その銅像にそれぞれお賽銭というか、浄財のような小銭が力士像の体のどこかに置かれているのが面白かった。貴乃花の土俵入りの銅像があったので、私も左腕を折り曲げたしわのところに挟んであげた。これは縁起が良いぞ。

土俵入り

「國技堂」という、相撲協会とどんな関係があるのか気になる甘味処の「カレーとハッシュ」の合盛りに心を動かされつつも、墨田区の名所は山ほどあるという思いが強く、それぞれの取材箇所を駆け足で通り抜けた。

何だ、大きな毛糸の玉のようなこのオブジェは。店の中をのぞいてみると、カフェだった。アンティークカフェ「毛糸玉のある家 ウール倶楽部」だそうだ。きっと店主が編み物好きなのだろうと思ったら、丸安毛糸株式会社の建物だった。失礼しました。

居酒屋の「大衆酒蔵・日本海」もなかなかの存在感だ。日本海とステンドグラスのコラボレーションは、なかなかに意外な攻め方ではないか。入店はしなかった。

漢方薬の「亀命堂薬局」の店先には、なぜかオートバイに跨《またが》った灰色熊がいた。ノーヘルを取り締まろうとしたが、権限がないので無罪放免。

テナントを募集しているのだろうか、案内板には何一つ掲示されていないビルを発見。階段の蹴《け》込《こ》み部分に次々と「連続配灯」「現場検証」「和の作法」などと書かれている建物だ。君子危うきに近寄らず、こちらも駆け足、スキップで通り過ぎた。

国技館通りには力士像が点在

大衆酒場にステンドグラス

ノーヘルですよー

両国ならではのショップで一人遊び

やっとこさ見つけた、観光めいたスポットは、相撲関係のさまざまなスーベニアが販売されている相撲ショップ「両国高はし」だ。歴代横綱の顔が描かれた湯呑みや、キティちゃんが化粧まわしを着けたデザインが施されたさまざまなグッズ、どすこいスポンジなる相撲取り形のスポンジ、相撲の決まり手がデザインされた座布団など、キッチュ感溢《あふ》れる店内は否が応でも気分が盛り上がる。いつの間にか私は横綱気分となって、座布団を投げては自分の体で受け、そして場内アナウンス「座布団を投げないでください！　座布団を投げないでください！」を自分で叫ぶという、一人金星遊びに暮れたのだった。

なぜか個人的に、草履を一足購入。本当は落

一人金星遊びに勤しむ

語をやる時に、高座まで履いていくまともな雪《せっ》駄《た》を持っていなかったからだけれど、なかなか洒落た物が見つかり大満足。さすが墨田区。コマスミダ。

有名な用品店を見つけた。どでかいサイズの洋服が多数揃えられている「ライオン堂」である。KONISHIKI氏が現役時代によくパンツを買いに来ていたそうで、その時の同じサイズの物を拝見。今では、運動会で二人が同時に胴体を通して駆けっこをするための用具として活かされているとか。素晴らしい叡智《えいち》だ。

「お江戸両国亭」という寄席の前を通りかかった。コンスタントに連日興行が打たれていることに少々の驚き。しかし、昔からそうだけれども、十七時半開場というのは、普通に働いている会社員が集結できない時間帯だなあ。

オドロキのサイズ、大人二人分でした

稽古していないけど見学してみる

陸奥部屋を見学する

陸奥《みちのく》部屋を訪ねた。手引きを頼んでいた力士さんが、どこか遠くにいるそうで、申し訳ないけれど昼寝をしていた若手力士の八藤《やとう》秀幸君（現・霧の富士）と、行司の式守一《しきもりはじめ》君（現在は引退）にご案内いただいた。

実はここの所属の谷川親方（元前頭筆頭の敷島関、二〇一三年より年寄名跡・浦風を襲名）とは、消しゴム版画家でコラムニストのナンシー関（「なんしーせき」であり、「なんしーぜき」ではない）さんに紹介されて以来の二十年近い付き合いで、会えば一緒に相撲を取ったり、四股を踏む仲だ。

嘘を言いました。飲み食いする友達です。

彼はこういう伝統を重んじる世界にいながら、洒落たミュージシャンやサブカルチャーの住人たちと親交が深く、ホステスのいないほうのクラブでお皿を回したり、足繁くライブに通ったり、現代の風を相撲解説に取り入れて物議を醸す、素敵なおじさんなのだ。

この日は地方巡業の準備で東京におらず、留守を急襲した格好だった。稽古場の様子を写真に撮ってメールに添付して送信したら、「どしたんすかあ！」と慌てふためいた返信が帰ってきた。目的は達成したので退散。非常に勉強になりました。

〈＊現在、稽古見学は受け付けていないそうです〉

（二〇一二年十二月）

本日のまつを道

回向院
両国 2-8-10

↓

両国花火資料館
両国 2-10-8　住友不動産両国ビル 1F

↓

両国駅界隈

↓

両国高はし
両国 4-31-15

↓

キングサイズ　ライオン堂
両国 4-30-10

↓

お江戸両国亭
両国 4-30-4 両国武蔵野マンション 1F

↓

陸奥部屋
両国 1-18-7

江東区

知らぬ角 一つ曲がれば 忠魂碑

江東区と聞いてまず私が思い浮かべるのは、東陽町の「若竹」という幻の寄席だ。

幻、といっても、それほどドラマチックなものだったのかどうかはわからない。単に、行ったことがないのに閉館してしまっていた、というくらいの意味合いなのだけれど。一九八〇年代後期、それはもう銀行が「どうか金を借りてください」と言いまくっていたバブル真っ最中の時期に、落語協会分裂によって寄席から閉め出されていた圓楽一門の、若手の活動の拠点を必要としていた五代目三遊亭圓楽師匠が、何と七億円もかけて建てたのだった。まだこの寄席が運営されていた頃、知人がたまたま前を通りかかったら建物の前に人が群がっていたので、「意外と流行っているじゃないか」と感心したら、テナントに入っている中華料理店の客だったそうだ。

私はまだ新人のぺーぺーだったけれども、「何という無謀な寄席経営に乗り出されたものだ」と、開館当初から気の毒にすら思っていた。それはそうだ、その頃は今のように落語会に元気があったわけではないし、マンモスターミナルである新宿や池袋の交通至便の寄席ですら集客に悩んでいるような状況で、結果は目に見えていたはずだけれども、案の定というか当然というか、数年で幕を閉じてしまった。噂では、いまだに寄席の看板だけはあるという。

江東区といえば「若竹」という認識しかない私は、さてどんな名物があるのかと期待に胸を膨らませて待ち合わせ場所に赴いた。

本日は砂町銀座を徘徊

「江東区は任せてください」と言わんばかりの、自信満々な面持ちで現れた担当者K君が連れて行ってくれたのが、砂町銀座という商店街だった。日本各地で、巨大ショッピングセンターに押されてシャッター通りが増えている中、こちらはこのあたりに生活している人でなくても来たがる稀有《けう》な商店街なのだという。

なぜ「砂町」という地名なのかというと、元々寄り洲で砂がたくさんあったから、というわけではなく、「砂村新四郎」という人が開発した地域だからだそうだ。

じゃあ「砂村町」でいいじゃないか！

そして、なぜ「銀座」なのかというと、一九三二（昭和七）年に東京市会議員の宇田川啓輔さんという人が、この通りが銀座に負けないようにと「早く砂町銀座と呼ばれる一大繁華街となられんことを」と祝辞を垂れたことから決まったとか。あやかっちゃだめじゃん！　負けちゃうじゃん！

しかし、なかなかの活況のようだ。今回の江東区は、この商店街を往復するだけだと宣言されてしまった。いつもは小旅行のようにいくつかの名所を回るのだが、今回はこの商店街とその周囲のみ。どれだけ自信を持っているのか。さあ、歩いてみようではないか。

まずは、なぎら健壱に変身

入り口あたりの道端に、茶色く錆びて朽ちかけている注意書きの看板がある。読みにくいが、「自転車放置禁止」とある。しかし、この看板の放置から改めてほしいと感じるのは私だけだろうか。

さすがに下町だ。生活感のある風情に好感が持てる。一人のおばさんが、自転車で駆け抜けようとする若者に、澤穂希《さわほまれ》選手のようにささささっと近寄り、「だめよ、自転車降りてねー！」と声をかけている。当たり前のようで、都心部では見られない光景だ。新宿あたりでそんな声をかけたら、刺されてしまうかもしれない。いや、それはどこでも同じなのだけれども、声をかけて注意するという感じは、こういった街でないとなかなか成立しないのだ。

その注意おばさんのお勧めで、地鶏の店「鳥光」で焼き鳥を買い食いすることにした。「焼き味天下一」とある。やはり商店街を歩けば買い食いだ。醍醐味だ。〈＊現在は閉店〉

この瞬間から、私はなぎら健壱になった。商店の皆さんと丁々発止のやり取りを楽しみながら、下町情緒にどっぷり浸かるぞ。問題は、私の意識は完全にそうだが、周りからはそう見えないということだ。

さて、焼き鳥は裏切らない。想像通りの美味さで、驚くことは何もないのだけれども、安心感のある商店街の焼き鳥だ。ああ、コップ酒が飲みたい。

焼き鳥を買い食いし、気分はなぎらさん

次は惣菜屋さんだ。「松ばや」という店名だ。「ばや」は何だろう。「松葉家」なのか、「松早」なのか、それともお松さんという婆やのことか。そんなわけはないだろう。

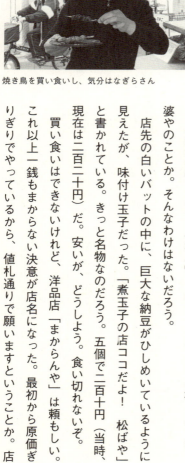

店先の白いバットの中に、巨大な納豆がひしめいているように見えたが、味付け玉子だった。「煮玉子の店ココだよ！　松ばや」と書かれている。きっと名物なのだろう。五個で二百十円（当時、現在は二百二十円）だ。安いが、どうしよう。食い切れないぞ。

買い食いはできないけれど、洋品店「まからんや」は頼もしい。これ以上一銭もまからない決意が店名になった。最初から原価ぎりぎりでやっているから、値札通りで願いますということか。店名にしているくらいだから、よほど「まけろ」と言ってくる客が多いのだろう。

地域の小中学校に通う子供たち用の「体育着」や「通学帽子」が扱われているようだ。定休日だから雰囲気が見られなかったが、児童・生徒たちが「ねえ、帽子まけてよー」「体育着、もう少し何とかなんない？」と値切っているのだろうか。

メンズショップ「ニューキング」も頼もしいが、「旧キング」はどうだったのかが気になるところ。〈＊現在は閉店〉

リビングショップ「ビックリヤ」はどうびっくりさせてくれるのか、路地を入って覗きに行ったが、休みだった。〈＊現在は閉店〉

ある店先の、紅白の垂れ幕が妙にめでたそうなので近寄ると、「完全閉店店じまい」と書かれた店だった。閉店の上に店じまいだ。「のこりあと3日です」とあるが、この日は閉まっていた。あと二日じゃないか！　どうか、発展的な店じまいであってほしい。

ペットショップ「ペットエコＤＰＯ」の前にジョンとボビーが放し飼いになっていたので撫《な》でてやった。繋がれていないのに忠犬ハチ公のように大人しいと思ったら、リアルな置物だった。エコだなあ。〈＊現在は閉店〉

「焼きたてパン　モン・シェリー」は、「トトロパン」や「まっくろくろすけ」、「アンパンマン」あんぱん、「ドラエモン」《（ママ）》など、斬新なデザインのパンが目白押しだ。子供たちを大切にしている店なのだろう、親がパンを買っている間に子供たちが遊べるよう、キッズサークルで囲われた遊び場があった。その名も「びば!! あそびば」だ。韻を踏んでいる。

粋なストリートの二階事務所へ

パンの香りを嗅いでいると昼飯時になった。またK君が得意気に「任せなさい」顔をしている。彼が私たちを誘ったのは、商店街から少し入ったところにある「グルメ」という画期的な名前の洋食屋さんだった。

少々寒いが、テラスでハンバーグをいただくことにした。路地を挟んで向かいの民家を眺めながらの絶品洋食はオススメだ。振り返れば調理をしているマスター（坊屋三郎さん似）とおかみさんの、てきぱきかつ丁寧な仕事ぶりも拝見できた。

商店街に戻り、酒店の「伊勢信」にふらりと入る。なかなかの品揃え、また良い酒を置いている。最初にここへ来て、飲みながらうろうろすれば良かったと一瞬思ったが、それでは風紀が乱れると反省。いや、やっていないのだから反省するべきなのか。

店の方にうかがえば、こちらの大将がこの商店街振興組合の副理事長さんだそうだ。すぐ向かいの二階に事務所があるとか。へえー、と向かいの窓を見上げれば、その副理事長、沼田正史さんと目が合ってしまった。これは行かねばなるまい。今日の私はなぎら健壱なのだ。

大きな全店舗の案内図の上に、「人々の活気と情緒溢《あふ》れる粋なショッピングストリート、砂町銀座商店街」というキャッチフレーズが掲げられている。沼田さん、なかなかに押しの強そうな風貌で、いかにもリーダーシップがありそう。この商店街を牽引《けんいん》していらっしゃるのだなあ、という雰囲気が前面に出ていて、これまた頼もしい。デフレ脱却や景気回復についてのご意見を機関銃のように話してくださり、話術に感服。もちろん、景気が一番敏感に反映される現場にいらっしゃる方のお話、リアリティと説得力があった。

余談だけれど、家に帰ってからテレビを見ていたら、沼田さん、景気回復についてニュース番組のインタビューを受けておられた。知る人ぞ知る有名人なのだ。

お次は永六輔に変身

横道に逸れると、下町の風情が感じられて小旅行気分。知らない角を一つ曲がると、それはもう旅の始まりです。永六輔です。

ブロック塀が縦に切断されて、古いアパートの入り口になっている。切断されたことは、塀に直接書かれている「駐車お断り」の文字のレイアウトでわかる。なぜこの位置で切ったのか。ブロックの切りのいいところではなく、わざわざ途中を縦に割いている。冷蔵庫が通らなかったのだろうか……。

亀髙神社発見。いや、全然知らないのだが。階段の蹴込《けこ》み部分に、「参詣人のため邪魔をしない

なぜ、ここで切断するのか

で下さい　立入禁止」との表示が。「参詣人のため」という表現が不思議だ。「参詣の邪魔をしないで下さい」だけでもよさそうだが。しかし、立入禁止では、参詣し難くないか心配だ。敷地内に、巨大な口紅の先のようなものが地面から突き出ていて、何だろうかと思い近寄ってみたら、砲弾を使用した忠魂碑だそう。

電信柱の、私の腰の高さぐらいに、青い子供用のサンダルが結びつけてある。きっと道に落ちていたのだが、警察に届けるようなことでもないだろうが、さりとて子供は成長するので予備を揃えている確率も低い。さぞや困っているだろうけれども、ご近所の子供のいる家を訪ねて回るのもどうだろう。道に放置していればそのままゴミとして片付けられてしまう。これはひとつ地面より高い所にキープしておこう。「まだ必要としている人がいるはずです。持って行かないで、持ち主の坊ちゃんかその親御さん、どうか見つけてくださいね」という葛藤、想いが、この現象となっているのだろう。下町の下町たるところを垣間見たような気がする。

生活用品の店や飲食店が多いこのあたりには珍しく、町工場を発見。看板には丸ゴシック体で大きく「ヤマト酸素」とある。それ以外の情報はない。木でできたガラス戸を覗いてみると、八十歳ぐらいの職人さんが、細い管を何かしていらっしゃる。私たちが作業を覗き込んでいると、間もなくシャッターを閉められてしまった。邪魔してすみません。

看板に双子の豚ギャングが描かれている「パブスペースジェミニ」が気になる。営業時間ではないようだ。豚のイラストに「ふたご座」と記されているが、ママさんの星座なのか、太った二人のママがいるのか、両方該当しているのか。〈＊現在は閉店〉

百均ショップをパトロール

商店街に戻り、「お茶の君野園」へ。
開運宝箱「宝くじ受け」なるものを見つけた。神棚のようなつくりで、宝くじを立てておけるホルダーがついている。私はジャンボを買っていたのだ。宝くじ受けは購入しなかったが、ここで手を合わせておいたのできっと六億円当たっている。私だけ景気が良くなってすみません。
さて、私はどこに行っても時間さえあれば百円均一の店をパトロールすることにしている。この砂町銀座にも複数の「百均」があったので、潜入してみた。
威勢のいい客「体洗うスポンジはどこ!?」
店員「そちらの棚の反対側に……」
客「あああ、あったあった！」
店員「あ、そっちじゃなくって」

客「これでいいよ！」
店員「それは食器洗うスポンジです」
客「いいよいいよ、同じだから！」
店員「同じじゃないですぅ……」
という素敵な会話を耳にして、満足して退出した。
やっぱり下町は良いなあ。以上、なぎら健壱でした（嘘）。

（二〇一三年一月）

本日のまつき道

砂町銀座商店街

↓

地鶏の店 鳥光（閉店）

↓

食品・惣菜　松ばや
北砂 4-7-19

↓

焼きたてパン　モン・シェリー
北砂 4-18-14

↓

洋食のグルメ
北砂 4-18-20

↓

伊勢信酒店
北砂 3-38-13

↓

亀高神社
北砂 4-25-15

↓

お茶の君野園
北砂 4-38-8

品川区

品川は
港区目黒は
品川区

品川といえば、落語の「品川心中」だ。聴いていて状況をイメージし難いのは、今の東京湾岸の様相と、その昔は遠浅の浜だったからこその描写に違和感があるからだろう。

現代では、品川といえば、品川駅。大きなターミナル駅で、新幹線ともつながっている。当然、品川区の取材はここからだろうと思っていたら、品川駅は東京都港区にあるのだった。しながわかった！　いや、知らなかった！知っていたが駄洒落が書きたかっただけだ。

何だ、品川区、寂しいじゃないかと思ったら、目黒駅は目黒区ではなく、品川区にあった。東京ディズニーランドや東京ドイツ村は千葉県だから、品川と港区、目黒と品川区ぐらいの誤差は可愛いものだ。何が可愛いのかはわからないが。

さて、品川といえば、「江戸前」だ。江戸前という言葉は、そもそも品川の前あたりで獲れた魚を指したものだ。転じて、江戸っ子の気っ風の良さや鯔背《いなせ》なスタイルを「江戸前」と呼ぶようになった。

大阪に近鉄の「布施」という駅があって、駅前に「江戸前寿司」と看板が出ている。大阪で「江戸前」って。しかし、江戸っ子が流れてきて店をやっているのかもしれない。きっと江戸っ子気質で、てやんでいでべらぼうめ、な感じでやっているのかと思えば、その下に大きく「てっちり」と書いてあるのだった。どこが江戸前やねん。

へんてこなことを思い出してしまった。品川である。

担当のK君が「大井町」で待ち合わせようと言うので検索したら、神奈川県の南西部の町が出てきたではないか。大井町という自治体ではないのだ。東急大井町線の大井町駅ということだったのだ。

大井町駅も大井町にはないのか。品川区大井一丁目だ。大井町一丁目でいいじゃないか！　なぜ一文字程度を略すのだ。名古屋の人は「名古屋駅《なごやえき》まで」と言うところを「名駅《めいえき》まで」と言うが、なぜたった一音節省略するのかと疑問に思う。

あ、また話が遠方に飛んでしまう。大井町だ。

昔は「東京府荏原郡大井町」といったそうだ。その後、大井町全域が「東京市品川区」になったとか。

明治記念館で塗料の世界を垣間見る

さあ、この界隈には何があるのだろう。「またそんなことを、あれは港区の元赤坂にある「明治記念館から見ましょう」と言われたので、「またそんなことを、あれは港区の元赤坂にある結婚式場ではないか」と問う私を、薄笑いを浮かべたK君が連れて行ったのは「日ペ」だった。「ニッペ」、つまり「日本ペイント」だ。

歴史に詳しいと思われる係の方が案内してくださるというので、まずは記念撮影。もちろん、日ペなので、加トちゃんぺのポーズで。

加トちゃんぺ！

明治時代にこの地で塗料の工場ができて、その時の煉瓦《れんが》造りの工場跡が、今は博物館のような展示施設になっている。名付けて「明治記念館」だ。なるほど、昔塗料を作るのに使われていた骨董品的器材と解説が展示されている。

ふと、展示の解説に出てくる「ペンキ」という言葉が何語なのか非常に気になったので、係の方に聞いてみたら、「考えたこともないですね」と放置されてしまった。でも、その他のことには驚くほど深く答えてくださったので大きな感謝。

この旧工場は品川区内の洋式建物として最も古いもので、品川区教育委員会の保存要請に応えたものだ。社会貢献なのだ。なるほど、さすがは歴史ある品川が本社の日本ペイント、と思ったら、本社は大阪にあるそうだ。失礼しました。

「ここにあると思ったら実はあっちだった」というのが今回のテーマなのだろうか。

さあ、明治は遠くなりにけり、最新の塗料の世界を垣間見るぞ！と敷地内を歩いていると、広い通路に「いきいき大通り」という立て札が。「わかさ通り」「壮快街道」「夢小路」「散歩の達人筋」などもあるかと探したが見つからなかった。ともあれ、いきいきと歩いてみたがどうか。

いきいき歩いてみました

「事業所構内はポケットハンド禁止」という注意書きもあった。「ポケットハンド」という道具を禁止しているようなニュアンスに感じるが、単に風紀上、ポケットから手を出そうというもの。宅八郎氏が使っていたのは「マジックハンド」なのでお間違えのないように。

「本日は残業なしデーです」という注意書きは「本日は残業なレデーです」に見えたし、「ルールを守ってゼロ災害　ヨシ!」は「ゼロ災害」という災害があるのかと気にしてはみたが、幸い誰にも気づかれなかった。一番ありそうな「ペンキ塗りたて」の注意書きが、私の知る限りどこにも見当たらなかったことだけは、ここに報告しておく。

途中、立派な胸像が二つ並んでいたので、「どっちが突っ込みですか?」と聞いてみたが、やはり放置された。真ん中にマイクスタンドを立てたい衝動を抑え、比較的近代的な社屋の四階へ。ここはショールームらしい。しかし、通常は見学できないような感じの注意書きがあった。その割には「どうかよく見て!」という雰囲気のかゆいところに手の届く展示群が並んでいる。解体された余部《あまるべ》鉄橋の部分があったり、塗るだけで断熱効果のある最新型の化学的な塗料のデモンストレーションがあったり、見る方向によって色の変わる玉虫のような塗装技術、落書きや汚れを簡単に落とせるペイントなど、楽しい発明がそこかしこに広がっている。

「うなぎ塗料」というものがあって、やはり漁船などに使うのかと思ったら、正解だった。ところが、ウナギ漁に使うという意味ではなく、フジツボが付き難い塗料なのだとか。塗られた表面がヌルヌルになるから「うなぎ塗料」なのだ。なかなかのネーミングではないか。

「蒲焼きの香料をつけると売り上げが上がるかも」と一応提案したが、聞こえていないふりをされた。当然のことである。

日本の地名に名を残すジェームス

別れを惜しんで、敷地の外へ出た。大井町駅までそぞろ歩いてみよう。

カフェ・グリルの店先に、食品サンプルが並んでいる。台東区編で最先端の食品サンプルをいろ

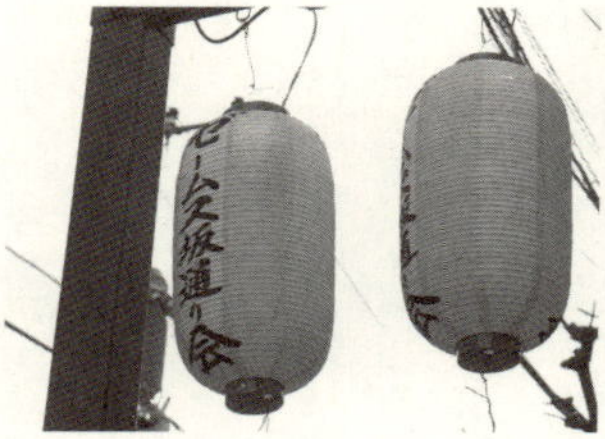

ゼームス坂通り会の提灯

いろと見て目が肥えてしまったからか、どう見ても逆効果としか思えない代物が並んでいることにペーソスを感じた。ドアには、のっぴきならない状況が押し寄せたようで、「都合によりしばらく休業します　店主」という走り書きが貼られていた。

お寺の煉瓦塀の向こうに墓石や卒塔婆が見えるという風流を左肩に感じながらズズイと進むと、ずんぐりとしたロケットのそばに宇宙飛行士が二人の奇妙なウィンドウディスプレイを発見。墜落しなければよいが。それはディスプレイではなく、オスプレイだ。

紅白の提灯に「ゼームス坂通り会」と書かれている。「ゼームス坂会」でないところを見ると、ゼームス坂に隣接している商店街なのだろうか。

その前に「ゼームス」だ。日本の地名なのに、ゼームス坂ってなんだ。聞いたことはあったが、ここだったのか。上ってみよう、あるいは下ってみよう。

ここは元々、「浅間坂《せんげんざか》」と呼ばれていたが、坂本龍馬の海援隊を支援していた英国人ジョン・M・ジェームスがこの坂の下付近に住んでおり、私財を投じてこの急坂を緩やかに改修したところから、この呼び名が定着したらしい。

そういえば、私の故郷・神戸にも、「ジェームス山」という高台がある。こちらは英国人貿易商のアーネスト・ウィリアムス・ジェームスが宅地開発したのでこの名前になったというが、なぜジェームスの名は日本の地名になるのだろうか。ジョーンズ町とか、トーマス浜とか、ワトソン谷とか、マディソン郡とか、他の人名もあってもよかろうに、なぜジェームスだけが名を残すのか。

日々回遊してしまいそうな大井町の裏路地

日本民謡会館発見。民謡の館ならば、さぞや自由な和気藹々《あいあい》の施設だろうと訪ねようと思ったが、関係者以外立入禁止だったので退散。

高村光太郎と智恵子の記念碑・レモン哀歌の碑の前で、お供えのレモンの黄色の鮮やかさに涙して、大井町駅近くにある、とんかつの「丸八」へ。ヒレにしようか、ロースにしようか。やはり揚げ物の店なら、最初はいろんな種類が食べられるミックス定食が良かろうとお願いした。

明るいおかみさんが、「ちょっとビールでもどうですか?」とすすめてくださる。待っている間にそれもありなのだろうけれども、ビールなんてこんな明るい時間からいただくわけには、いやいや、ですか? ですね、それでは一本。あ、あと二本お願いします。

ある程度ビールで腹が膨れたところへ出てきたのが、大ぶりの丸い皿にやっとこさ乗り切ったミンチカツ、イカフライ、海老フライ、ヒレカツ。ミンチとヒレはそれぞれ別のソースがかかっている。旨い! ご飯はおかわり自由です。そりゃあ、このおかずの量に釣り合うようにおかわりしながら食べて戴いて喰らったら、久しぶりに動けなくなってしまった。十代じゃないのだから。昭和も遠くなりにけり。店主夫妻の快活なお人柄に馴染んでしまい、ついつい長居をしてしまった。
二、三年ほど前、「丸八」の並びの画廊スペースでやっていた美術グループ展を見に来た帰りに食べて旨かったカレー店「トラトラ」を発見。懐かしい雰囲気の、昔、西新橋にあった「スマトラカレー」に似た味だった。食べたいという欲求はあるものの、すでに腹十二分目、素通りに。
しかし、大井町駅の周辺にはなかなか味わいのある裏路地の飲屋街が延びている。ここに住まなくてよかった、毎日回遊してしまいそうだ。

あ、これは居酒屋風の風俗か、と思ったら、風俗風の居酒屋だった。看板だけだが。

気になったのはスナック「ホー珍」だ。スナックだが、中華。チャイナドレスで接客されるのだろうか。気にはなったが食指を動かされたわけではないことを明記しておく。

創作イタリアン「ちゃぶっとりあ」という店名もなかなか洒脱だ。「ちゃぶ台」と「トラットリア」を合わせた合成語だろう。一度だけ行ってみたい。まだ腹十一分目だ。

マンションの一階、密やかに店がある。知的な感じのご主人が両手に治療、あるいは保護のためであろう白い布を着けておられる。万年筆の専門店だそうだ。ユーザーそれぞれの好みや手の癖が違うので、それに合わせた調整をされているのだが、ペン先のニブポイ

住んでいたら、毎日来てしまいそう……

ントを「研ぐ」作業に集中して時間と神経と骨をすり減らしてしまい、顧客とのバランスを維持するため最小限の仕事しかなさらないとか。いたずらに宣伝をしてはご迷惑なので、これくらいの内容にしておくが、こういう貴重な矜持《きょうじ》を持っておられる職人に後継者がいないことを残念に思う。効率優先の世の中の流れは止められないのだろうか。

白蛇の集団に囲まれる!

品川区二葉にある「上神明天祖神社」にふらりと。とにかく、白い蛇が厳島弁財天にまとわりついている。その数、七体。あまりの白さに、まるで塗ったかのような感じがしてしまう。で、やはり塗ってあった。日ペの塗料だろうか。「うなぎ塗料」でないことは確かだろう。リアリズムで造形していないところがまた嬉しいではないか。神の使いであるにもかかわらず、このすきだらけの表情には親しみを禁じ得ない。

親しみが感じられる白蛇さま

そして、蛇は縁起が良いのだ。お稲荷さんの使いが狐であることと同じで、五穀豊穣、せっかくできた米を食い散らかす鼠をやっつけてくれるありがたい存在が狐であり、蛇なのだ。おまけに蛇は脱皮をする。毎度生まれ変わり、長寿のイメージがあるという。見た目も長い。縁起の良い動物なのに、キリスト教文化では憎まれ役になっている。このあたりのイメージの違いは面白い。

私たちが境内でうろうろしているところへ出て来られたのは、ちょうど留守をされている禰宜《ねぎ》の奥方で、代わりに案内してくださるという。清楚で知的かつ神秘的な美人。

「まあ、上がってお茶でもいかが」と言われ、普通なら「お構いなく」と言ってしまうところだが、なぜか全員「じゃあ、せっかくですので」と上がり込んでしまった。

立派な雛人形の段飾りを賞《め》でながら、旨いお茶をいただきつつ世間話に。

「松尾さんとは昔、銀座のディスコでお目にかかりました」

突然切り出され、狼狽《ろうばい》。しかし何も危害を加えることはなかったと聞いて安心したが、安心などする必要はないのだ。そもそも身に覚えがないのだから。はは、は。

（二〇一三年三月）

本日のまつき道

- 大井町駅
- 日本ペイント明治記念館　南品川 4-1-15
- ゼームス坂通り
- 高村智恵子記念碑　レモン哀歌の碑　南品川 6-7-30
- 丸八とんかつ支店　南品川 6-11-28
- フルハルター　東大井 5-26-20　アクシルコート大井仙台坂 1F
- 上神明天祖神社　二葉 4-4-12

目黒区

ホームラン
打ったはナボナの
お陰かな

さて、何やら高級感の漂う目黒区である。東横線が通っていることから考えても、お洒落でエレガントでハイソサエティでさんまが美味い地域、というのが一般的な印象ではないだろうか。

いや、さんまは嘘である。落語の「目黒のさんま」の内容を聴いたことがなくても、タイトルだけは耳にしたことがある人は結構いるのではないか。「桑名の焼き蛤」「大間のまぐろ」のような名物を想像しても責められないだろう。

もちろん、目黒の名物にさんまはない。たまたま目黒でさんまを食わせてもらったことから、世間知らずの殿様が「さんまは目黒に限る」と言い放つ滑稽な話だ。余談だが、私の参加している俳句の同人、「駄句駄句会」の宗匠、山藤章二画伯は目黒区の出身なので、俳号を「三魔」とされている。

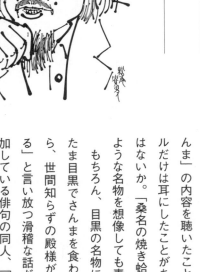

その、故事ではない滑稽話にちなんで、さんまの祭りができたという。それも二つも！「なんだかなあ」と思っていたら、岩手県宮古のさんまが振る舞われる「目黒のさんま祭り」と、宮城県気仙沼のさんまが振る舞われる「目黒のSUNまつり」で、毎年、目黒駅を挟んで近い時期に行われているらしい。これは応援しなければならないと、今頃慌てている始末さ。

向かった先はアーバンな街、自由が丘

やはり、東横線沿線で、いつもとはちょっと違うアーバンライフな内容にしてみようと、もちろん向かった先は自由が丘だ。「ガオカ」などという恥ずかしい略称は使いたくない街だ。

北側に歩けば目黒通りがあるものの、駅周辺の界隈はそれほど大きくない道ばかりなので、大規模な開発もされないだろうし、チェーン店が入り込む割合が少ない。元々高級住宅街だというだけではない風格を保っているのも、地域全体の構造的な要因があるのではないかと想像する。

世田谷の下北沢の再開発などは、歓迎できるのは踏切の待ち時間がなくなったということだけだ。怪《け》しからぬことに、北側に幅二十六メートルの道路を、個人店を立ち退かせて造るという。もちろん、幅の広い道路は、その脇に巨大な高層ビルを造りたいからだろう。防災だ何だと言っているけれども、下北沢に環七と同じ幅はいらないだろう。その証拠に、道の長さはほんの数百メートルで、ビル開発ありきなのは明白だ。画一化された開発で逆に衰退してしまっている地方都市の駅

前と同じような、いやそれ以上の打撃と損失を生むのは明白だろう。下北沢の街で発酵・熟成してきた、民衆の文化、音楽、藝術、サブカルチャーは、無味乾燥な近代ビルに踏みつぶされようとしている。

話が逸れたが、自由が丘はおそらく、しばらくはそういう心配がなさそうだ。なぜなら、無理な開発を主導する側の人種も愛着を持っているだろう街だからだ。変な言い方。でも本当にそう感じる。何というか、高級感があるのだ。

高級感といえば、和菓子だ。そうか？ 間違ってはいない。では、この地で長らく営業している「亀屋万年堂」の「総本店」に堂々と潜入してみた。こちらの看板商品「ナボナ」は発売五十周年（一九六三年発売）だそうだ。

子供の頃、全国ネットのお笑い番組で、「〇〇は□□のホームラン王です」というパロディというかもじりのギャグが出てきて、何がおかしいのかがわからなかった。そう、王貞治さんがそう宣言するコマーシャルは、神戸には流れていなかったのだ。東京の子供が「京橋はええとこだっせ、グランシャトーがおまっせ」を知らないのと同じことだったのだ。いや、関西でも深夜のコマーシャルだから、子供は知っていてはいけないのだが。

「ナボナはお菓子のホームラン王です」

「甘い」お店から「辛い」お店へ

快活明朗な若き店長の優秀な笑顔に見送られ、熊野神社の外から参拝し、甘いお店「万年堂」から辛いお店「香辛堂」へ。ここは以前から気になっていた、ミックススパイスの専門店だ。

店内にはありがたい香りが充満している。いや、三充満も四充満もしている。この香りを嗅いでいるだけで、浄化作用があるような気がするほどだ。

きっとこういう店は、頑固で神経質そうな店主が理屈っぽいしかめっ面で無愛想に客人を迎えるような気がして、おっかなびっくり足を踏み入れた途端、「こんにちはー」と爽やかに出迎えてくださった。そして、両手を差し出された。固い握手。こんなにフレンドリーなお店だとは思わなかった。開口一番、ではなかったが（開口一番は「こんにちはー」だったので）、開口二番、「下北沢の『般若（パンニャ）』（実は二〇〇九年から細々と経営しているカレー店）へは、何度か行かせていただきました」とおっしゃるではないか。きっといい人だ。

店内には、クローブ、ターメリック、クミン、カイエンヌペッパー、ディル、カルダモン、スターアニスなどのオーソドックスなものから、へえ、こんなのがあるのか、という珍品までいろいろと取り揃えられていて、いろんな使い方の提案やアドバイスももらえるので、趣味で料理をされる方はステップアップのきっかけ作りに訪問されるとよいのではないか。個人的に「洋風七味」なるブレンドスパイスを購入。

スキップしながら、「理容イガラシ」の赤白青のサインポールの上に乗っかっている、女装した鶴瓶さんのような生首をからかい、「SNACK・ノ甲田」に「何ノ甲田なのか!」と突っ込み、それが「八甲田」のピースが一枚落ちているだけだったことに気づいて看板に詫び、雑貨屋でそろそろ必要な老眼レンズを物色して、古町糀製造所へ。

古町という名前は、きっと経営者ではなく本家のある場所だと思って入店すると、やはりそうだった。新潟市の古町、私の好きな居酒屋やバーが数軒ある、とてもほどのよい街だ。きっと新潟米でできる糀を加工して健康食品として販売しているのだろう。

健康に良いものは味や香りの評判は悪かったりもするが、こちらは味見した全品、そして私たちが全員大絶賛だった。ちなみに、「麹」で

生首の顔マネにはまる

はなく国字の「糀」にしているのは、米からできたはなやかな物としてのイメージを尊重したい意図があるらしい。
〈＊二〇一七年一月に閉店。ウェブサイトより購入可能です〉

カエル界に遊び、絶品鮨、梅干しを味わう

自由が丘にも、自由が丘だからか、まあ土地柄には関係ないか、大変に趣味性の強い名店がある。マーケティングリサーチを判断の根拠にしている業態とは、完全に別世界である。

こぢんまりとした雑貨屋に入ると、カエル、カエル、カエルがびっしりの世界があった。ほとんどの商品が、緑ないし黄緑色なのだ。そしてすべてが、カエルのイメージ、カエルのデザイン、カエルのディテール、カエルのテクスチャー。店名もずばり「FROGS」だ。げろげーろ。

ガチャガチャがあるとついついご購入

「銭が返る」から縁起が良いというのだが、金は天下の回り物である。他所《よそ》へ返ってしまったらどうなるのだ。げろげーろ。金が返るところといえば、日本銀行だ。それではデフレからの脱却はできない。

私の知人にはカエル恐怖症の人がいて、カエルの鳴き声をするだけで過呼吸の発作が出てしま

自由が丘仕様の洗濯物

う。この店のことは内緒にしておこう。げろげーろ。そういう事情のない方は、ぜひ遊びに行かれるが良い。そして、ガチャガチャですこぶるリアルなカエルのマグネットを買うが良い。そして、何かの折に私にくれるが良い。けろり。

　さて、自由が丘といえば、飲食の名店も多い。今回は一つ、せっかく豪勢な街にいるのだから、ちょいと舌に乗せようじゃあねえか、鮨てえ物を！

　地元に根付いたほどのよいラインで、かゆいところに手の届く昔ながらの鮨店「佐治」の、絶妙の匙加減を見よ。良いネタを結構な塩梅《あんばい》になるまで食べたが、お勘定はなかなかに庶民的なものだった。みんながすすめるものだから、ビールを飲んでしまったではないか。あと、日本酒を数杯。しゃて、もとい、さて、ひっく、またぞろ徘徊は続くのれす……。

　時節柄、鯉のぼりがはためいているなあと思ったら、洗濯物だった。自由が丘の洗濯物はお洒落であると感じるのは私の単なる先入観か。

　またもや見つけた、遺失物。先に江東区でも見かけた「落とし物を電柱にぶら下げる風習」が、目黒区にもあった！　ぶら下がっている物がそれなりに「目黒区」を感じさせるが。

路肩に置かれた駐車禁止の意思を表すパイロンが、ビルと同じ色にコーディネートされているのは偶然か、自由が丘の心意気か。

占いの店にも心惹かれた。占ってほしいのではなく、数々のおかしなところに突っ込みたくなる。しかし、今日は外側だけにしておこう。黄色くどでかい「占」の文字が中央のかなりの面積を「占」めているポスターに、「TV・ラジオで有名な先生方が毎日毎日出演中」という触れ込みを発見。何だこりゃ。そう書く前に、有名なら名前を大きく出せばいいのに。小さい文字で数名の占い師の名前があった。どれどれ……、誰も知らないや。

ダンスショップもある。自由が丘、社交ダンス。イメージがぴったりくるぞ。くるのだけれども「ダンスパーティー用品」とは、どんな物なのだろう。仮面舞踏会の貴婦人やSMの女王が着用するようなあれだろうか。

梅干し好きの方は、紀州南高梅の専門店「福梅本舗」へどうぞ。使い方、ニーズに合った絶品梅干しを手に入れることができましょうぞ。味見をしながら選べるので、温かいご飯を持って来るようなことはしないように。鰹味の利いた皮切れ梅を購入、道すがらヨダレが止まらず。

さすが自由が丘、というアイテムを発見。といっても、ここで作られているわけでも地域限定でもないが、スタンドで脇から吊り下げるタイプの、それも大きな長方形のパラソル。柱が真ん中にないので、スペースが有効に使える。クランクを回せば容易に傘を閉じたり開いたりすることができるこの名品、おそらくは数十万円はするだろうなあ。モエシャンドンのロゴが入っていたから、ノベルティの一種だとすれば、なんという豪勢な景品。

茶房でまったり、ほっこり

またもや洒落た雑貨屋、文房具屋などを彷徨《うろつ》き、品川区の回で欲しくなってしまったのか、今頃万年筆を購入。これで文藝家を気取れるぞ。

文藝家気取りに浸って落ち着ける環境を探してやって来たのが茶房「古桑庵《こそうあん》」だ。どう見ても百年近くたっている古民家に手を入れて、落ち着いた空間をつくり出している。数分間「ぼうっ」とするだけで、自由が丘にいることを忘れてしまいそう、とは、我ながら何という陳腐な書き草か。ここなら二時間でも「ぼうっ」とすることが容易だろう。なぜなら私は、普段から「ぼうっ」としているからだ。

脇の小部屋は貸しギャラリーになっていて、季節的な展示がよくなされるらしい。私がうか

居心地のよい空間でほっこり状態

がった折は、ご主人の趣味の鉄道模型がジオラマとともにディスプレイされていて、なかなかに贅沢な隠居生活があるものだと感心。ついでに言えば、ご隠居かどうかも知らないのだが。

調度品や装飾物の数々はそれぞれに謂《いわ》れのある物のようで、いろいろと解説をうかがったが、ご興味のある方は直接行って聞かれよ。辛党の私だが、京都弁でいうところの正しい「まったり」とした白玉抹茶ぜんざいをいただいて、京都弁でいうところの正しい「ほっこり」状態。いや、自由で結構な街だ。

（二〇一三年四月）

本日のまつを道

- 亀屋万年堂総本店　自由が丘 1-15-12
- ↓
- 熊野神社　自由が丘 1-24-12
- ↓
- 香辛堂　自由が丘 1-25-20
- ↓
- 古町糀製造所（閉店）
- ↓
- FROGS　自由が丘 2-9-10
- ↓
- すし処 佐治　自由が丘 3-10-18
- ↓
- 福梅本舗 自由が丘店　自由が丘 2-17-6 THE FRONT2F
- ↓
- 古桑庵　自由が丘 1-24-23

大田区

大森と蒲田を混ぜるネーミング

とうとう大田区へやって来た。

この場合の「とうとう」は、書き出しに勢いをつけようという意図で添えてみた。しかし「とうとう」なのである。世界で一番広大な面積を持つ東京二十三区だ。つまり、二十三区で最も広いということを珍妙に表現したのだけれど、あまり効果的ではなかったことを反省。

広い面積の三分の一が羽田空港であり、大田区の結構な面積が埋め立てによって造り上げられた近代からの土地だ。私にはほとんどご縁のない田園調布の道のフォルムを見ても、何か新しさを感じさせる。

まことに素晴らしい街なのだが、私はこの「大田区」という区名には納得がいかない。以前の大森区と蒲田区が合併した時に、「大森」の「大」と「蒲田」の「田」を合わせて「大田」とされたのだというが、略して合わせるなら意味の強い文字を取るべきではないか。そうでなければ、「国分寺市」と「立川市」の間にあるから「国立市」(合併したわけでもないのに何という主体性のなさ)になったように、あるいは「紀伊」「尾張」「井伊」の屋敷があったから「紀尾井町」になったように、名前の上どうし、下どうしを合わせるべきではないか。

前者なら、大森の大事な要素は「森」であり、蒲田の二文字ではどう考えても「蒲」だろう。なぜ「森蒲区」「蒲森区」ではいけないのか。いけないいな。語呂が悪い。

ならば上どうしで「大蒲区」ではどうか。新宿二丁目が移転してきそうになるか。

では下どうし、「森田区」「田森区」はどうか。うん、田森区、良いではないか。街を歩く人々のTシャツには大きく「田森区LOVE」と書かれている。毎度おなじみ流浪の番組のロケも頻繁に行われることになりそうだ。

そんなこんなで区名に納得がいかないまま、大森界隈を散策することにした。

駅の近くのゲームセンター店頭で、岡本太郎作品のガチャガチャを発見。こりゃ黙って見過ごすわけにはいかない。だが、四百円もするので小銭が足りず、店内で両替をしてチャレンジをしたら、小銭を入れてハンドルを回せど、取り出し口まで出て来ない！

何だかわからない！　これは岡本太郎の真髄だ！　かの名作「坐ることを拒否する椅子」の概念だ。藝術は爆発だ。真っ赤真っ赤真っ赤！　と大騒ぎをしていたら、店員さんが出てきてマスターキーらしきものを突っ込んで、トランシーバーで誰かに「鍵が合いません！」。

何だかわからない。合うことを拒否する鍵。藝術はガチャガチャだ。

ビルの谷間に、モース博士の遺跡を発見

気を取り直して、大森貝塚へ。縄文式土器の価値を見出したのが岡本太郎なら、大森貝塚を発見して日本考古学発祥の地にしたのがエドワード・シルヴェスター・モース博士だ。

彼はこの貝塚をどうやって発見したか、聞いて驚くべきだ。いや、読んで驚くべきだ。

負けじと文化人顔を披露

それは「汽車の窓から」だった！　オスマン・サンコン氏並みの視力だ。彼がその位置をマル秘にしたことで、貝塚の位置をなかなか特定できず、複数の看板ができてしまったという（発掘記念の碑は大田区と品川区に建てられているが、後の調査により、現在では品川区大井を発掘場所とするのが一般的とされているようだ）が、他の人たちはなぜ汽車の窓から見なかったのか！

駅の反対側に向かうべく通路を通り抜けようとしたら、天ぷらそばのアトラクションがあったので、しばし相手になる。向こうは相手にしてくれないが。

そこから数分歩いたところの「ルミエール」というクラシックカ

メラ店に、文字通りのお邪魔を。店名はもちろん、映画の元となったシネマトグラフを発明したフランスの兄弟の名前だ。最近のデジタルによるお手軽画像処理技術の発達、普及で、物量的には肩身が狭いかに見えるこの世界も、愛好家の愛情の強さは逆に計り知れないところまで深くなっているような印象だ。

実はこの店舗の奥では、アナログの音響機器の修理とメンテナンスのサービスをするスペースがあって、カメラの担当をされている若い方のお父様と思《おぼ》しき(あくまでも思しき)頑固な雰囲気をお持ちの職人さんが、クラシックのレコードの音を聴きながら微調整をされている様子。こういう世界が珍しくなってしまっている状況が、少なからず寂しい気もするし、もっと理解を深める機会があればいいのになあと殊勝なことを考えた。

蒲田駅の近くに移動。小腹というよりも大腹が空《す》いたので、元祖羽根つき餃子の店「歓迎」へ。歓迎と書いて「ホアンヨン」と読むそうだ。空港のある街で、羽田が近いので、羽が付いている餃子、という趣向。熱烈的ホアンヨンをしてくださった女将さんのお勧めもあって、人数分の餃子と台湾麺を注文。もちろん、私はムードを大切にする人間なので、少なくない青島ビールもお願いした。もちろん味は申し分なく、量の多さを読み違えて少しばかり残しそうになったことは秘密にしておこう。

それにしても、女将さんの明るさ、人懐っこさ、快活さはどうだ。お父様が中国残留孤児の帰国第一弾にいた人物だとは、激動の時代の満州(中国東北部)を生きてこられたのだなあ。

なんでもアリのレコード店で、お宝探し

近所のアナログレコード店「えとせとらレコード」に侵入。本当は挨拶をして堂々と。あまりに多量のアナログレコードに埋もれるようになりながら、掘り出し物探しを。

この楽しさはどうだろう。最近はどうしてもシステマティックに売り場が整理され、書店やCDショップでは探している物があっという間に見つかり、あるいはネットの通販で頼んだことも忘れるほど手軽に入手できてしまうので、整理されていない物に埋もれて、何が出てくるかわからない宝探しの気分を味わうなどということが、妙に新鮮だ。世代的なこともあるだろうが、高校生の頃に戻ったような塩梅《あんばい》になって、少々若返ってしまった。若返った割には、購入したのは大道芸などの大衆芸の集成と「上方漫才全集」だったが。

天然温泉「蒲田温泉」で命の洗濯！

全くの謎だが、大田区にはその名も「タイヤ公園」という、遊具はタイヤだらけという不思議な公園がある。子供たちはタイヤの上を猿飛佐助のように跳び回り、タイヤに乗って坂を滑り降り、七、八メートルはあろうかというタイヤの怪獣と戦う。私もちょっとだけ戦ってみた。勝った。

ある程度泥んこ汚れも出たところで、蒲田温泉へ。黒湯の天然温泉はすこぶる快適で、疲れがき

れいに除去できたような気がする。

二階の宴会場に上がれば、貸し切りかと思ったら先客のおじさんが一人いて、私たちがビールを頼んだ頃合いでやおら立ち上がり、ステージに向かわれた。完全に慰安旅行の雰囲気になってしまった。コンビニエンスストアの店長さんらしく、シフトが非番なのか、ここで故郷を思い出しつつ新潟のご当地ソングを矢継ぎ早に熱唱。おまけにこちらへビールのプレゼントを。

なかなか粋なおじさん。こんな近場で命の洗濯ができるとは、まさに「大田区に教えられ」という諺《ことわざ》そのものだ。そして、ツッコミがないので、「負うた子に教えられ」の間違いであると自主的に訂正しておく。

（二〇一三年五月）

本日のまつを道

大森駅

↓

大森貝墟碑
山王 1-3

↓

ルミエールカメラ
大森北 2-4-10

↓

歓迎（ホアンヨン）
蒲田 5-13-26　大田区生活センター 1F

↓

えとせとらレコード
蒲田 5-45-1

↓

西六郷公園（タイヤ公園）
西六郷 1-6-1

↓

蒲田温泉
蒲田本町 2-23-2

世田谷区

政令の都市をも凌ぐ九十万

東京都世田谷区。「区」とはいっても、なかなかの区なのだ。中野区ではない。

東京二十三区の中で、大田区の羽田空港の敷地を除けば、一番面積の広い区だ。なぜ空港を除くのかについては答えない。人口も九十万人近くを擁し、東京二十三区で最多である。

区政が始まった一九三二（昭和七）年には、当時三十五あった区の中で最少だったらしいが、昭和の後半からずんずんと増えてきたそうだ。「世田谷市」に格上げしよう、という運動も一時はあったようだが、九十万人といえば、もはや「県」レベルではないか。島根県の七十万人、鳥取県の六十万人という数字を見ても、「世田谷県」は夢ではない。いや、誰もそんな夢は見ないけれども。

以前は、地方都市が政令指定都市の名目を手に入れる基準が、「世田谷区の人口を超えているかどうか」だったそうだ。少子化で日本の人口が緩やかに減っている現在、おそらくまだ世田谷区の人口は増え続けているだろうから、それを基準にしていたら、新しい政令指定都市はなかなか現れないだろう。

さて、私事だけれども、世田谷区に住み始めて、もうそろそろ四半世紀が経とうとしている。最初は三軒茶屋の茶沢通りからちょいとソフトバンク（当時はディスカウントショップの「モリ」だった）の店から西へ入った突き当たりの、少々バブルを感じさせるお洒落な1LDKだった。やはりそういう時代だったのか、相当（私にしては）高い家賃のマンションで、なぜか大家さんは世田谷の大きな寺だった。お寺さんがなぜこんなバブリーなマンションを経営しているのかと当時は不思議に思ったものだが、今から思えばさもありなんという状況がいろいろと浮かんでくる。そこを含めて、今の住まいは世田谷に住み始めて五軒目、ということになる。単に相性が合うのだろうが、本当に住みやすい街だ。

統計の数字を見たわけではないけれども、三軒茶屋や下北沢は、関西人率が高いように思う。東北から東京へやって来た人はどちらかといえば墨田区や台東区に住むことが多く、逆に関西人は世田谷区や目黒区に住むことが多い。

これは、全く根拠のない私の思い込みだ。皇居や都心を挟んで、少しでも故郷に近いほうに住みたい意識が表れることもあるだろうが、権威に対して従属的でない関西人が求める住み心地の良さというのは、下北沢や三茶のサブカルチャーとの親和性と無縁ではないのではないか、という勝手な仮説を立てたこともある。もちろん、検証は全くしていないが。

自分が演劇人の端くれということもあって、若い時から下北沢・三軒茶屋界隈に対する憧憬、愛着は強い。庶民が関東大震災や東京大空襲で住み着いて発展してきた経緯から、山の手といわれる世田谷区内にあって、なかなかに庶民的で、進取の精神を尊び、「異物」を許容する懐の深さも持っている魅力的な街なのだ。

我が店「般若」で、くつろぎのひととき

かねてから、小さなカレー店を出したいと考えていた私は、四年前（二〇〇九年）に下北沢でその思いを実現することになった。実現、といってもあまりにも小規模な夢だけれども、私の中ではその感慨はすこぶる大きいものだった。

もちろん、「さあ店を開こう」と物件を漁《あさ》っていたわけではない。友人のコメディライター、須田泰成氏が、コメディアンやボードビリアンをはじめとしたさまざまな表現者たちに、廉価で気軽に実験や発表ができるスペースを提供したいという思いから、ライブスペース「スロー・コメディ・ファクトリー」、略して「スロコメ」を五年前にこの地に開いたので、私もコントや朗読会、トークショーを開き、観客としても足繁く通っていたところ、「隣の古着屋さんが来月移転されるようですよ」と須田さんからの情報があり、一瞬の迷いもなく始めることにしたのだった。

この一皿が楽しみ。ビールも進みます

パートナーでありブレーンである友人とすでに基本的なレシピは完成させていたものの、今から思えばスタッフもいない中、無謀とも思える状態で始めることになった。たまたま私が通っていた渋谷のカレー店の従業員に「私はカレー屋さんでしか働きたくないんです」とカレー愛を語っていた女性がいたのを思い出し、快諾を受けて、めでたく開店の運びとなった。

それが、下北沢のスズナリ劇場近く、茶沢通りの小田急線の踏切、いや、すでに線路は地下に潜ったので踏切ではない、ただの地面の盛り上がった通過点に過ぎないが、交番のない側にわたって右方向（実はこちらが茶沢通りの続きなのだが）へ行って百メートルあまり、お地蔵さんがあるので道がややクランク状になっているところで、お地蔵さんに挨拶をしながら左を見ればそこにある、小さな店が「。般若（パンニャ)」である。

ここで「チキンカレー」や、キーマとの「ハーフ&ハーフ」、あの熟成肉専門店「中勢以《なかせい》」の熟成豚肉を使った「特別なカツカレー」を食べることが楽しみで、私は生きている。狭い狭い店で、くつろぐという表現は適当ではないかもしれないが、心のスイッチを「緩」にできる、貴重な空間になっている。さりげなく宣伝するつもりが、すこぶる宣伝じみてしまって申し訳ない。

「居心地」に歴史のある街、下北沢

下北沢の北口にあった駅前食品市場。このあたりも取り壊されてしまいました

「。般若」から、茶沢通り（本当にここも茶沢通りなのだ）をほんの少しだけ元の踏切があった方向へ戻り、路地を右に入ると、「アトリエ乾電池」がある。柄本明さん主宰の劇団、東京乾電池の本拠地だ。稽古場もシアターも兼ねていて、芝居の公演や、笑福亭鶴瓶さんや桂雀々さんの落語会などが催されている。実は、ありがたいことに柄本さんも「。般若」の常連でいらっしゃる。

下北沢の駅の北側には、最近屋根が壊れたと話

「劇」小劇場にて芝居中？

題になった小さなアーケードの商店街や、小さな飲食店、古着屋、和装店などがひしめいている。ある意味では、下北沢の街の雰囲気をつくり上げてきた根幹の要素ともなるべき一帯だ。

　このあたりを大規模に立ち退きさせて、幅二十六メートルだかなんだかの馬鹿でかい道路を通すと都は躍起になっているようだが、この街を愛する人たちの間では「下北沢に大きな道路はいらない」と、近年反対運動も盛り上がっている。東京都は、よくある地方都市の駅前にしてしまいたいようだが、このあたりだけ広く短い道路を造りたいということは、とりもなおさず大きなビルを造る計画がその先にあるということなのではないかと勘ぐってしまう。それでどういう人たちが得をするのか、よく見張らなくては。

　小田急線の線路が地下に潜り、列車が通っていたところやホームや渡り廊下などがどんどん様変わりしている。少しばかり便利になって、この先本当のこの街の良さが失われないか不安も残る。本多劇場、ザ・スズナリ、駅前劇場、ＯＦＦ・ＯＦＦシアター、「劇」小劇場、楽園、シアター７１１。この街の文化を作り上げてきた「ハコ」と、そこで化学反応を続けてきた人々の「居心地」に、行政が水を差さないことを切に願う。

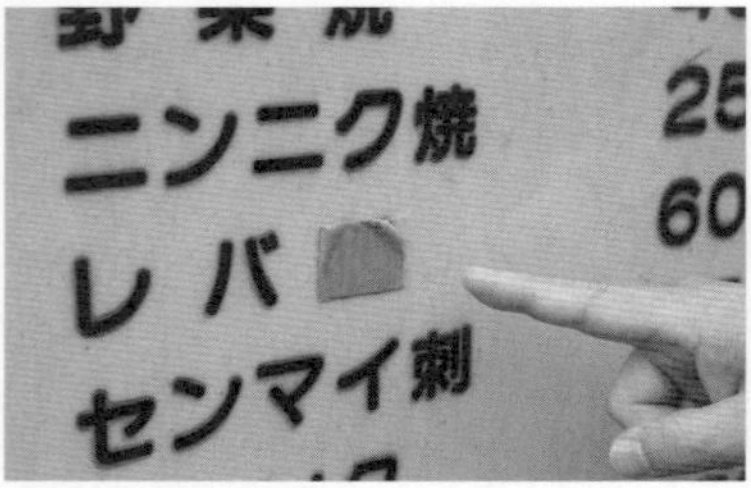

大将、レバ刺はなくなったのですね

三茶裏通りの秘湯「千代の湯」

世田谷の下町、庶民に優しい三軒茶屋

下北沢から三茶へは、茶沢通りを二十分ほどたらたら歩けば辿り着く。三軒茶屋は、文字通り三軒の茶屋があったところらしい。

昔、酒場で遇ったエド山口さんに聞いただけなのでうろ覚えだが、角屋、田中屋、信楽（のちの石橋屋、石橋楼）という三軒が並んでいて、あとは目立った物もキャロットタワーもなかったのだけれども、震災や空襲で下町から避難してきた人々によって、街が形成されたらしい。だからなのか、やはり住民は親切で下町風の気持ち良さを持っている。世田谷の他の地区とも違って、高級店も少ない。

映画館からしてそうだ。「三軒茶屋シネマ」では、廉価で、しかもごく最近話題になって封切館が興行を終えたばかりのような目新しい作品が、二本立てで観られるのだ。この近くに住んでいた頃は、ずいぶんとお世話になったものだ。〈＊二〇一四年に閉館〉

廉価といえば、シネマの奥の、世田谷通りと平行している一方通行の道を少し先に進むと、「スタミナ道場」という黄色いのれんが目立つ焼き肉屋がある。三茶で困った時はこの店と決めていて、親切な大将がいろいろとフレキシブルにサービスしてくれる。

十数年前、この店で隣り合わせた会社員風の三人組に話しかけられ、私が「どういう業種の会社ですか」と聞いたら「製薬会社です」と言うので、「どこだろう」と言ったら、「当ててみてください、絶対に当たらないと思いますけど」と言うので、当てずっぽうで「……グラクソ？」と言ったら、三人とも目を丸くして顔を見合わせていた、という思い出があります。自分でも、「賭けときゃよかった」と思ったものだった。

三茶から246号線を緩やかに上り坂を下ると、とはややこしい表現だが、都心から離れる方向に行くので下るのだけれども、駒沢大学方面に歩く途中が上り坂なので、こういう表現になってしまったが、もうしかたがない。

環七との大きな立体交差に差しかかる。ここが「上馬」の交差点だ。この界隈で知らぬことはない（のではないか、と思われる）菱田住宅相談所の壁にあるトリックアートで遊んだあと、環七を柿の木坂方面へ左折すると、ファミリーマートの三軒ほど先に、大阪風の串カツ屋「川政」がある。

〈＊菱田住宅相談所は移転。「串かつ　川政」は閉店〉

実はここのビルの二階に「bar closed（バー・クローズド）」といういい雰囲気のバーがあって、時折ここで朗読会や小さな集まりを催している。落語家の春風亭昇太さんやマジシャンのナポレオンズ・パルト小石さんとトークショーを開く時は、この「川政」で待ち合わせと腹ごしらえと打ち合わせをして、二階に上がるというパターンなのだ。

実は十年あまり、小石さんや昇太師匠らとともに、この店のオーナーというか、保存会をやっていた。十数年前に、脚本家の小山薫堂さんに連れて行かれたのが最初だった。二階の大きな窓から、環七を走るトラックが２４６号線の下を潜るべくスロープに滑り込んで行くさまを見下ろしながら、カクテルを飲んで、クールダウンして帰路につく習慣が定着した頃、店主から「薫堂さんと都心部で店をやるので畳みます」と宣告され、そりゃ困る、と私たちが共同で保存会を始めたのがきっかけだった。このほど新しい店長が見つかり、それもなかなか優秀なバーテンダーで、完全にお任せしようということになった。もちろん、足繁く通うことには全く変わりはないのだけれども。

（二〇一三年八月）

本日のまつを道 ❶日目

下北沢駅周辺

↓

般°若 下北沢店
北沢 3-23-23　下北沢シティハウスⅡ 1F

↓

茶沢通り

↓

三軒茶屋シネマ（閉館）

↓

スタミナ道場
三軒茶屋 2-16-5

↓

上馬交差点

↓

bar closed
野沢 2-34-1 三共無線野沢ビル 2F

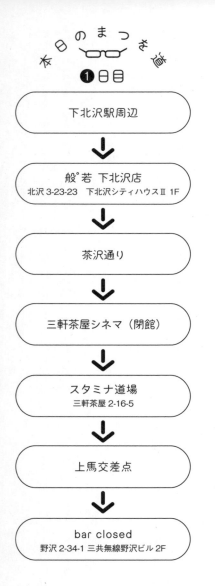

2日目

お馴染みすぎる馬事公苑を散策

前回に引き続き、世田谷区だ。広いしね。多いしね。地元だしね。ごめんなさいね。

今回は馬事公苑からスタートすることにした。いや、されたわけだが、ここはしょっちゅう花見に来たり、イベントを見に来たり、散歩をしたり、馴染みが深すぎて、ただただ歩き回っただけになってしまった。

なぜ「公園」ではなく「公苑」なのかが気になったが、手元にあった資料によれば、植物がある場合は「園」で、動物がメインの場合は「苑」だというような記述があった。そうだったのか、馬事公苑。しかし、ならば動物園は動物苑でなければならないではないか。おまけに「苑」にはクサカンムリが付いているぞ。気になるところだが、掘り下げても実りがなさそうなので、思考停止をしながら歩いてみる。

すこぶる広い敷地なので、普段入り込まない場所にも足を踏み入れ

遊具と戯れてみました

一瞬度肝を抜かれるポニー広場の看板

てみた。「ポニー広場」というエリアを発見。看板にポニーの生首かと思うようなオブジェがあって、いささかワイルドな演出に肝を冷やした。すぐ下のカラフルなレタリングとのギャップもご愛嬌だ。

〈＊馬事公苑は、二〇一七年より休苑中〉

お酒もあればニワトリもいる、農大の博物館

童心に返って、さまざまな無邪気さを発揮して悪ふざけをした後、馬事公苑に隣接している東京農業大学「食と農」の博物館へ。

博物館前に佇むニワトリさん

ここも、時折訪れては冷やかしているので馴染みがある。館内には、農大卒業生たちの蔵元の日本酒が美しく展示されている。今回は、カレーに合う米「咖喱米」を特別販売していた（期間限定販売のため、常設販売はしておりません）。インディカ米の表面のパラパラ感と、ジャポニカ米の中身のモチモチ感を併せ持つ優れもので、本当にカレーに合う。日本の農業技術は大したものだ。

駒沢給水所正門前に到着するも、休日のため閉まっているので記念撮影をした。……移動。

そうか、腹が減ったので何もする気が起きなかったのだ。という

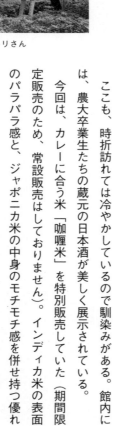

駒沢給水所

わけで、桜新町のサザエさん通りにある「とんかつ 味の丸新」で腹ごしらえ。J党のI幹事長も贔屓だそうで、よく来られるそうだが、そんなことは気にせずにとんかつを食らった。もう何も入らないというところまで食ってしまったので、もう動けない。しばし、雑談。

桜新町といえば、デビュー当時に関西から東京に仕事で来始めた頃、ホテル代も出ない（本当は出ているのだが、事務所が私に渡さなかったという説もまことしやかに私が語っている）ラジオの仕事で週に四日間東京に泊まらなくてはならず、しかたなく、構成を担当していた作家の北吉洋一さんの桜新町のマンションに、「三匹の猫の世話をする」ことを条件に居候をさせてもらっていた。バーでキープしているボトルも全部飲ませてくれたなあ。ありがとう、北吉さん。

ものづくり学校にお邪魔する

「思い出話はもういいですよ」と担当者に言われ、不承不承、三宿に移動してみた。

話題の「世田谷ものづくり学校」に、断りを入れて潜入。元々廃校になった中学校の使い道を探していてこのような有効利用に到達したそうだが、ずいぶんと大人の私もわくわくするような、希

元中学校なので、水飲み場も懐かしい感じです

望がわいてくる素晴らしいスペースだった。スノードーム美術館のワークショップに乱入して少々ではない邪魔をしてしまったり、家具屋さんというか木工作業をしている職人さんの邪魔をしてしまったり、とにかく邪魔をしたわけだ。

さまざまなベンチャーや自由な発想と意欲で独創的なセンスを試したいという人たちが多いようで、入居希望者も「待ち」が出ているとか。退屈しない。ギャラリーやライブ会場としても使えるスペースもあるので、いつかここでおもろいことをやってみせると、心に誓って表明はせず、退散。

いつもの場所で仲間と一杯

夜の帳《とばり》が下りようとする時間となり、いや本当はまだまだ驚くほど明るいが、この後は必ず夜が来るという頃合いとなり、さて世田谷で夜が面白いと言えば、前回徘徊した下北沢や三軒茶屋か、小田急線の経堂駅ということになる。迷わず、経堂の駅周辺にやって来た。

ここは天才ハサンさんの作るカレーの名店「ガラムマサラ」や、安くて美味い串焼きの店「㐂《き》八《はち》」、香り高いラーメンの「まことや」など、名店も多い。

近年できたコルティ（経堂駅からすぐのショッピングモール）のせいで、経堂駅がなんとなく成城学園駅のようになってしまっているが、バスロータリー側から入り、その建物内を一番反対の端まで歩いて抜けて小さめの出口から出ると、至近にあるレンタカー屋の前から細い路地を北側に入って割とすぐのところに、階段を数段下りる半地下のような店がある。はっきりとした看板は出ていないが、毎日のように落語会やミニコンサート、朗読会、トークショー、地域振興イベント、交流会などが開かれ、連日落語家、漫才師、ミュージシャン、役者、ライター、活弁士、浪曲師、水産会社社員、歌手、近隣の飲食店店主、芸術家（高名な人形作家や東京藝大の仏像の権威など多彩）が集結しては、垣根もハードルもなく融合したり化学反応を起こしたりしている居酒屋風のスペース「さばのゆ」なのだ。私も、ここでの落語会の「こけら落し」で落語を一席やらかした縁もあるし、トークショーや「モンティ・パイソン関西弁朗読会」などは、もうすでに何度も参加させてもらっている。

経堂の街の溜まり場、「さばのゆ」さん

　この店の店主は、コメディのプロデューサー兼ライターで、モンティ・パイソンに日本一詳しい人（著書

桂吉坊さんたちと。いい夜が更けていきます

多数）でもある須田泰成さんだ。東日本大震災の被災地支援にも心血を注いでいる静かな熱血漢で、宮城県の木の屋石巻水産の工場の復旧にも尽力し、津波で流され埋もれた泥だらけの缶詰を運んで経堂界隈で洗って売って応援を続けた中心人物で、新聞記事やテレビ番組などで目にしたことがある人も多いのではないだろうか。その心温まる交流を描いた絵本『きぼうのかんづめ』の著者（作画は宗誠二郎さん、ビーナイス刊）でもある。

実は、私もこの活動に少々関わっている。この店で飲んでいたのが縁で、被災する前の木の屋の社員・鈴木さん、松友さんらと仲良くなり、私のプロデュースで辛口のクジラ肉のカレーを出そうということになった。何度も試作品を作って、「よし、これで売り出そう」というタイミングが、二〇一一年の三月の頭だったのだ。その直後に津波ですべてが流されてしまい、缶詰工場も当初は再生の目処《めど》が立たなかったので、缶詰ではなく、九州の会社に依頼して、レトルトで販売して売り上げを支援に回そうということで作り始めた。現在も、工場が再建されたので缶詰のスタイルに戻して続けている。もしご興味がある方は、「石巻鯨カレー」で検索をしてみてください。

支援の輪は、この経堂界隈の人々に、池に小石を投げ込んだようにあっという間に広がって、大きな力となった。この街が素敵なのは、お仕着せのマニュアルよりも、その時、その場の雰囲気や状況で、自然とそこだけのルールができていく予測できない快適さがあるところだろうか。それも、普段何気なく飲んでいる時にも自ずと現れる。

今日も気がつけば、友人の星子さんと落語家の桂吉坊さんがいつの間にか私を挟んで飲み始めている。びっくりした。彼らは、現れるところ、現れるところが賑わう、世田谷のざしきわらしなのだった。

今夜はもう私をさがさないでください。

（二〇一三年九月）

本日のまつを道 ❷日目

ＪＲＡ馬事公苑
上用賀 2-1-1

↓

東京農業大学「食と農」の博物館
上用賀 2-4-28

↓

サザエさん通り

↓

とんかつ 味の丸新
桜新町 1-13-5

↓

IID 世田谷ものづくり学校
池尻 2-4-5

↓

経堂駅周辺

↓

経堂さばのゆ
経堂 2-6-6 PlumboxV 1F

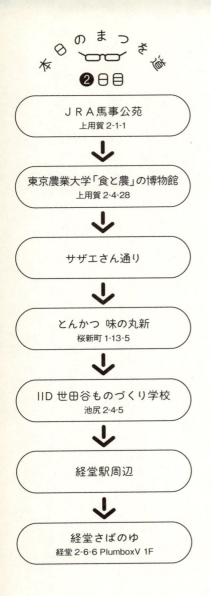

渋谷区

恵比寿すら
舌青ざめる
咖喱かな

2014FIFAワールドカップの日本代表が出場を決めた二〇一三年六月四日の夜の渋谷は、「DJポリス」なるお喋りお巡りさんの仕切りで、混乱を起こさず平穏裏に騒ぎが収束したと、連日ニュースや情報番組でも取り上げられていたが、ここ渋谷は、何かあれば若者が騒ぎ始めるという街のキャラクターが定着している。

担当者やカメラマンとはハチ公前で待ち合わせをしたのだけれども、やっぱりハチ公よりもモヤイだろうと思い立ち、ぐるりと駅を回ってモヤイさんのところへやって来た。ご存知の通り、モアイではなく、モヤイなのである。

伊豆諸島の新島で採れるコーガ石という石があって、軽くて彫りやすいので、どんどんオブジェが作られた。この「モヤイ像」もその一つだ。新島の人が考案して、今から三十年以上前に新島が東京都に編入されて百周年になったのを記念して、渋谷区に贈られたものだそうだ。なぜ渋谷区に贈られたのかは謎だ。

「モヤイ」はもちろん、イースター島のモアイをもじっているけれど、人々が力を合わせることを意味する「もやい」という言葉から、「こりゃいいねえ」ということになったようだ。

しかし、イースター島のモアイと似ているようでもあり、何やら古代のヨーロッパ人の鼻っ柱を思わせる彫りの深さもあり、ウェーブのかかった長髪も謎のままで、何ともしどけない思いで見てしまうのは私だけだろうか。

歩道橋のステッカーやら落書きやらが気になる

さて、すぐ前にある国道246号線を渡ろうと大きな歩道橋に上がる。歩道橋の欄干というか手すりの先に、フィギュアショップの棚のような物があったので、手を伸ばそうとしたら、それは走行する自動車などへ向けた案内板の裏面だった。商品のように見えたのは、べたべたと無遠慮に貼られまくったステッカー類だったのだ。中にはチラシや、ただの落書きもある。渋谷は、ここまで行儀の悪い阿呆が集結しているのかと暗澹《あんたん》たる気持ちになってしまった。現代風の千社札とも言えなくもないが、このマーキングの習性、犬の縄張り意識の合理的理由から考えると、あまりにも頭が悪い顕示欲による意味のない行動ではないか。

棚かと思った！　渋谷の街の落書きの多さといったらもう

そんなことは全然関係なく、このあたりに近年できた渋谷区文化総合センター大和田に足を伸ばしてみた。一階というか、半地下の広場のような所に大きな石の彫刻がどんと安置されている。少しへこんだ大福餅のような格好だが、その存在感の唐突さは、作者の意図するところなのだろうなあ。

にもかかわらず、作品を鑑賞するのに一番ベストな方向に、客に行列を作らせる時にガイドとして使うポールのような物に縛り付けた「作品に登らないでください」という立て札が設置されている。作品の意義として、一番邪魔であり、台無しなことなのだが、靴を履いたまま上に登られて汚れたり、滑って落ちて怪我でもされたりすると責任問題になるので、一応表示はしておいたというアリバイ作りのような処置だ。とにかく、作品にとって一番不幸な状況にされてしまっているのが悲しい。きっと、高名な作家によるものなんだろうなあ。

この建物内にある伝承ホールでは良質な落語会なども催されていて、貴重な場なのでチェックされることをお勧めする。

この同じ建物の上に、プラネタリウムもあったのか。渋谷といえばプラネタリウム、という伝統を、東急文化会館からこのコスモプラネタリウム渋谷が受け継いだのだな。時間外だったので鑑賞はできなかったが、いつかはナニしてみようと緩やかに思った次第。

移転直前のたばこと塩の博物館にて

私が仕事でよく行くのはＮＨＫだ。その手前にある、公園通りの名所、たばこと塩の博物館は、ずいぶん昔から気になっていたのだけれども、「もう移転だ」と脅されたので、慌てて寄ってみた。

近年、いろいろと持て囃《はや》されすぎている塩はともかくも、各方面から目の敵にされているタバコという物について、その文化は大変に質が高く、歴史も奥が深く、全く吸わないよ、家族にも嗜《たしな》む者がいないよ、という人も、ぜひ、下町に移転してからでもよいので足を運んでほしいと真剣に思った。アニメ映画に喫煙シーンがあるからと糾弾されるような時代だからこそ、健康には悪いかもしれないが、煙の向こうにどんな大きな世界があったのかということを知らない手はないだろう。

さて、昼食タイムだ。渋谷に古くから名物として存在する「くじら屋」で、鯨の刺身定食にさえずりやらステーキやらを追加。ありがとうございます。

鯨を食うという食文化にも難癖を付ける者がいるけれども、大きなお世話だ。私は食べるよ。ありがたくいただいて感謝をして、無駄にしないのだ。軍事目的で脂だけ取って捨てていたアメリカなんぞに文句を言われる筋合いはない。調査捕鯨なんて誤魔化しめいたことはやめて、増え続けて小魚を減らし続ける鯨をバランス感覚で真っ正面から「ちゃんと」捕っていただこうではないか、と居酒屋のノリで力説しながら、爪楊枝《つまようじ》を加えてセンター街あたりへ。

あてもなく渋谷をぶらぶらすると、やはり汚い下品な落書き群に遭遇してしまう。これで何かを表現した気になっているイマジネーションの乏しさを気の毒に思いながら、足はいつの間にか原宿方向へ。

ニコニコ本社で青カレー、最後は元ご近所の刀剣博物館へ

「ニコニコ本社」というビルを発見。おお、「ニコニコ海苔か」と思うはずもなく、ニコニコ動画でビルが持てるのかと、いや、賃貸なのか所有なのかは知らないが、とにかくこんな場所があることに驚愕。〈＊現在は豊島区に移転〉

そのカフェで青いカレーをメニューに見つけたからには、絶対に美味くはないだろうと予測しつつも、こんなネタは押さえずにはいられない性分として、一口だけでもと食べてみたけれど、自分の舌がこんなにスタートレック的な色合いになるとは予想だにせず大後悔。トイレで口を濯《すす》ごうとしたら、鏡にはニコ動の画面上を流れるコメント群が……。参りました。

何一つ、グッズは買わなかったけれども、これは修学旅行生の地元への良い土産になるなあと独

りごちて、参宮橋の刀剣博物館へ。

なぜ、唐突に刀剣博物館かって？　よくわからない。二十五年ほど前に、このすぐ近くに住んでいたからかもしれない。そして、至近距離にある刀剣博物館とはどういう施設なのか、中を覗いてみたいが怖くて近寄れなかった、そんな四半世紀前のエントロピーが、まだ残っていたのかもしれない。

〈＊現在、移転準備中。二〇一八年より墨田区で再開予定〉

そして、やはり刀は怖かった。

ほんの少し、アルコールが欲しくなった。

ほんの少しでなくてもいい、まとまった量でもいいのだ。この後の徘徊に関しては、次回。

（二〇一三年十一月）

本日のまつを道

❶日目

モヤイ像

↓

渋谷区文化総合センター大和田
桜丘町 23-21

↓

たばこと塩の博物館
（墨田区に移転）

↓

元祖くじら屋
道玄坂 2-29-22

↓

渋谷センター街

↓

ニコニコ本社
（豊島区に移転）

↓

刀剣博物館
（墨田区に移転予定）

2回目

恵比寿の劇場に潜入

さて、再び渋谷区だ。渋谷区もまた、雑多なエレメントがひしめいているので、二回に分けてお送りすることになった。

いや、本当は一回で次に行く予定だったのかもしれない。私がどうしても、「渋谷で夜の要素がないのは、香港で飲茶がないのと同じだ」とごねたので、担当者が仕方なく私の徘徊に付き合うことになったのである。

そういう状況で、恵比寿へ行こう、恵比寿へ。

恵比寿といえばヱビスビールではないか。しゅぽぉーん、とくとく、しゅわあああっ……となるはずだったが、まだ時間も早いというので、人寄り場所にあるべき施設、劇場へ。

恵比寿に劇場なんて聞いたことがない、という方もおありだろう。明治通りにほど近い、その名も「恵比寿・エコー劇場」だ。れっきとした劇場で、その名の通り、劇団テアトル・エコーのホームグラウンドなのだ。

テアトル・エコーといえば、まだこの世に「声優」などという言葉すら存在しない頃から「るるるーぱあああああん！　逮捕する！」の銭形警部でおなじみ納谷《なや》悟朗さんや、「こおおんばあああんは、皆様」のヒッチコックの吹き替えでも有名な熊倉一雄さんらを輩出した、歴史ある名門の劇団だ。先日、私が司会をしているラジオ番組に、初期の頃からのメンバーだった矢島正明さんがゲストでおいでくださり、「逃亡者」や「宇宙大作戦（スタートレック）」のオープニングナレーションなどを生で実演してくださったのだが、劇団を維持するために声の吹き替えのアルバイトで稼がざるを得なかったと、当時を振り返っていらっしゃった。記号的に変な抑揚で大げさに演技をする最近の声優にも苦言を呈しておられたけれども、やはり舞台で鍛えられた下地があったからこその技が発揮されていたのだろう。

この劇場では最近（二〇一三年九月）も、きたむらけんじ作・演出の「泡」という芝居（福島のソープランドが舞台で、原発事故や社会の影響に翻弄される人々を、リアリティを持ち、かつ説教臭くならないコミカルな手法で描いた秀作）も上演されて、新聞その他で話題になったし、定期的に古今亭志ん朝一門の噺家を中心とした寄席も開催されているようだ。昔は町内に一軒ずつ寄席があったなどと言う人がいるけれども、こういう形で、せめて山手線のすべての駅周辺には劇場や寄席ができればいい。どうやって維持するかは、それぞれで上手くやってください。

恵比寿の由来と恵比寿様

恵比寿という駅名は、ヱビスビールの工場があったからこの名前になったそうだ。私はてっきり、恵比寿神社か恵美須神社か戎神社か夷神社か蛭子神社があったのでその名がついたのだと思い込んでいた。近所にある恵比寿神社も、他の神様が祀られていたのだが、この際ということでご近所にあやかって、一九五九（昭和三十四）年になってえびす様を祀るようになったという。えびすといえば、やはり兵庫県西宮市のえびす宮総本社西宮神社だが、そこから勧請して合祀し、恵比寿神社に改名したのだとか。

　恵比寿駅周辺には、恵比寿像が幾つか存在する。その中でも、駅前のゑびす像はすこぶる有名だ。銀座三越のライオン、渋谷駅のハチ公、モヤイ像のように、待ち合わせの目印の定番にもなっている。クリスマスの時期にはサンタクロースのコスプレをされていることもあるが、今年はどうだろうか。しかし、日本に定着した風習だとはいえ、七福神のリーダー的な存在を、真っ赤っかなコーラの広告に出てくるようなファーザークリスマスに変装させては、何教のイベントなのかわからなくなってしまう。

　良いのだ、どちらにせよ縁起物だ。そんなことを言い出したら、ハロウィンだってそもそも、キリスト教のお祭りではないではないか。

こんなところにも？

ビルの二階にも恵比寿様

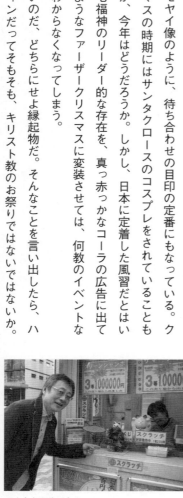

誰もそんなことを言ってないって？　そうですか……。

駅前から駒沢通りを西へ渡ると、ビルの二階にも幾何学的なデザインの恵比寿像が。あちらの壁、こちらの隙間に恵比寿様。商売繁盛で笹持ってこい。景気回復宜しくお願いします。

宝くじの窓口にもエビス様が。絶対当たるよ、どこかで誰かに。と思ったら、恵比寿様ではなく大黒様ではないかいな。まあ、コンビだからよしとしましょう。

担当が目をキラキラさせて「えびすストアの脇の路地奥にもあるんですよ」と言いながら案内するので、行ってみたら、こちらも大黒様だった。駅前のゑびす像とこちらの大黒像、ほとんど顔の見分けがつかない。なぜだろうと思ったら、お二人とも顔が全くミュージシャンの鈴木慶一さんだった。

大黒といえば、私が東京の下北沢と大阪の新福島でやっているカレー店「般若（パンニャ）」のレシピを一緒に作ってくれているカレー名人・渡辺おさむが、以前恵比寿でやっていたバーとカレーの店の名前を私が命名したことがあった。その名は「まはから」で、実はサンスクリット語で大黒天を指すマハーカーラから付けたものだ。恵

ビルの谷間におられる、恵比寿様ならぬ大黒様

こちらも恵比寿様？

比寿だからコンビの名前を付けたのだ。また機会を見つけて復活させてほしいものだ。
恵比寿神社の社は、なんとサッポロビールの敷地内にもあった。表敬参拝。

代官山のマンションでの思ひ出

駅のガーデンプレイス側に延びている通路には、名物の動く歩道がある。しかしこの動く歩道、歩かないので、動くただの道だ。

大阪の動く歩道は、一九六七年に阪急梅田駅に造られた「ムービングウォーク」、さらには、一九七〇年のこんにちは、昭和四十五年の大阪万国博覧会で、日本中に広く知られるようになったが、その大阪の動く歩道は本当に歩道である。歩くのが遅い人や歩きたくない少数派は、急ぐ人が追い越すために左側を開けて乗るのだ。ところが、なぜか恵比寿の歩道でほとんどの人が立ち止まったままだ。なんという優雅でスローモーな光景だろう。関西人の私からすると、もう、いいいいーっ、とくるのである。

ガーデンプレイス内での禁止行為の注意書きを発見。ビラ配りやローラースケートなどが挙げられているのだが、ノースモーキングが一番大きく書かれている。

禁煙はだめなのかあ。タバコを買いに走らねば。んなバカな。

バラの絵が描かれたビルはファンシーすぎて怖いので近寄らず。えびす海岸の看板の絵も怖いので近寄らず。

鎗ケ崎《やりがさき》の交差点近くに、十四階建ての白いマンションが二棟ある。ヒルズ代官山とコート代官山だ。私はデビュー間もない頃、このヒルズ代官山の十一階のワンルームに住んでいた。隣のコート代官山にはコラムニストの泉麻人さんがおり、よく二人でサブカルでノスタルジックな話をしながら、ストロガノフやボルシチを食べたものだ。懐かしいなあ。

このマンションに住み始めた頃、留守番電話に、在りし日の景山民夫さんからメッセージが入っていた。

「キッチュ（私の当時の芸名）、そこのマンションの八階に幽霊がいるんだよー。夜中一人でエレ

ファンシー、でしょうか……

海の入口、恵比寿にもあるようです

ベーターに乗るとね、誰も呼んでないのに八階に止まるんだよ。誰かが降りるか、乗ってくるか、してるんだろうねえええええ」

当時はまだ、少しは幽霊を信じていたので、本当に訴えようかと思った。

ようやく夕方です！

さあ！　ようやく夕方になったので、渋谷のんべい横丁へ。今回はこれがメインなのだ。「鳥福」という、もともと有名すぎてなかなか入り込めない名店なのだけれども、今回は開店時間早々に潜入することにした……ら、もうすでに相当食べ進んでいる先客が何組かいるではないか。ガラスケースの美しい部位部位部位部位部位に目を見張りながら、オススメのものを次々と。

それぞれの味わいについては、グルメリポートではないのでいちいち触れないけれども、こんなに焼き鳥を食べて興奮することはまずないだろうという状態

のんべい横丁。いい風情です

だった。名店中の名店であるにもかかわらず、大将はリベラルなノリで、「好きに食べてくださいね」と、何度もおっしゃる。私の口癖、「好きに食べたいなあ」をご存知であるかのような嬉しい響き、ありがとうございます。

オススメの銘酒や絶妙の鳥スープなどをいただいて、ほろ酔い加減で店を出て、三歩ほど右にずれれば、これまた居心地の良いバー「amulet-d」が。ママさんの男好きのするサバサバ感が男女ともに大人気で、連日満員なのである。

すこぶる良い感じになって、後ろ髪を引かれながらも大阪へ向かう新幹線に乗って爆睡。もっと長く渋谷の夜に浸りたいという未練だけが残るのだった。

いつでも行けるじゃないか。

（二〇一三年十二月）

本日のまっさ道 ❷日目

恵比寿・エコー劇場
東3-18-3

↓

恵比寿駅周辺

↓

恵比寿神社
恵比寿ガーデンプレイス内

↓

恵比寿ガーデンプレイス

↓

渋谷のんべい横丁

↓

鳥福
渋谷1-25-10

↓

amulet-d and gallery
渋谷1-25-10

中野区

藝人を集めて速し中央線

いつの間にか、藝人の住む街という印象がついてしまった中野区を彷徨《さまよ》ってみることにした。

なぜ、中野区にお笑い藝人が多く住むようになったのかはわからない。私のイメージではダンカンさんや松村邦洋などの、ビートたけしさんゆかりの若手や、たけしさんがかつて所属していた太田プロダクションの藝人が多かったのではないか。それが中核となって、広まっていったのではないだろうか。

不規則な仕事で交通の便は確保しなければいけないが、高い家賃は払えない。車で移動することも少ないので、道が狭いことは気にならない。師匠や先輩からの突然の呼び出しもあるので、都心から離れるわけにはいかない。中央線が通っているので、事務所最寄りの四ツ谷駅まで一本で駆けつけられる。安い居酒屋などの飲食店が多い……などの理由から、下積み時代から住むのに好都合だったのではないか？と想像する。

中央線沿線は、ハードなロッカーも伝統的に多く住んでいる。中央線沿線から頑として動こうとしない、パンクの老舗バンド「THE STAR CLUB（ザ・スター・クラブ）」のHIKAGEさんに、小田急線や田園都市線の沿線に来ればいいのに、と水を向けると、「あんな田舎に行けるかよ」と言っていたのが印象的だ。

そうかあ、パンクロックから見ると、中央線が都会なのかと驚いたものだ。中野区のほとんどは、江戸時代は農地だったはずだけれど。だがそういう意味でかどうかはわからないが、二十三区の中でもなぜか親しみのある場所だ。

若手藝人の巣窟、ラーメン店に潜入

担当君が「どうしてもここだけは外せない」と鼻息を荒くするので、やって来たラーメン屋の「尚ちゃんラーメン」もしくは、「尚チャンラーメン」だ。店の表には両方の表記があるが、どちらでもいいのだろう。味で有名なのかどうかはわからないが、ともかく行ってみた。

東京としては割合リーズナブルな値段設定で、セットなどのボリュームが若い皆さんの胃袋を満たしてくれるのだろう。明け方まで営業していることも、藝人にとってはありがたいのかもしれない。

窓際の棚の下に、逆さまにティッシュペーパーの箱が貼り付けられていて、客は中腰になることでそれを抜き取ることができる。ところが、箱の中に残っているティッシュの重みで、一枚一枚正方形の状態を保ったまま抜き取ることには細心の注意を求められよう。

醤油ラーメンと餃子を注文、トイレに行こうと立ち上がり、「お手洗いをお借りします」と私が言うと、カウンターの中の大将と思《おぼ》しきおじさんが「一回二百円！」と、クールなギャグを放ってきたので受け流し、ついでに水も流してすませたのは言うまでもない。

逆さまティッシュペーパー

ふと、ティッシュが貼り付けられている棚板の上を見ると、テレビが二台置かれている。複数の番組を見たいというお客さんの要望に応えてのことかと思ったが、どうもデジタルテレビではなさそうだ。しかし画面は映っている。

よく見ると、店の前の道を防犯カメラが撮っていて、南北それぞれの方向への道路の様子が映し出されている。タクシーの運転手さんなど、路上駐車で食事をするお客さんのためのサービスだと解釈。

宝仙寺と赤塚不二夫さんと

腹ごしらえがすめば、それはもう散策の始まりです。

宝仙寺は、このあたりが田畑や丘だけだった頃からの歴史ある寺で、敷地内の境内脇に役場があった跡が残っている。おそらく、人寄り場所として寺が自治体に提供していたのだろう。ずいぶんと立派な寺で、正面には仁王門があり、左右に金剛力士像が睨みを利かせている。

この寺には五年ほど前（二〇〇八年）、私を可愛がってくれていた赤塚不二夫さんが亡くなった折に、葬儀に参列するために来たことがある。ずいぶんと長い闘病生活で、看病していた奥様が先に逝去されるということもあった。

当時、話題になったので記憶されている方も多いと思うが、あのときのタモリさんの弔辞は、七、八分ぐらいはあっただろうか。これほどの名弔辞を聴いたことがないと思うほどの素晴らしいものだった。

私は、マイクロホンの前で祭壇の遺影に向かって立っているタモリさんの二列後ろの、斜めにいた。時折、紙をめくるというか送る仕草をなさっているので手元に目がいって、少々驚いた。紙の表面に何も書かれていないのだ。ひょっとすると、極限にまで薄い薄墨で書いてあったのか、恐ろしく小さな文字で隅っこに書いてあったのかということはあり得ない話ではないが、それはなさそうだ。その後、都市伝説のような広がり方をしていたけれど、私が見たところでも白紙だったなあ。いや、そんなことをふと思い出した宝仙寺だった。

ついでに申し添えておくならば、門前の金魚屋は「まっかちん」、中華料理屋は「珍宝」である。

赤塚さんといえば「シェー」ですね

お寺の方に怒られますよー

赤塚さんらしいではないか。いや、赤塚さんの寺じゃないけど。

まだまだ寒い日が続くが、子供の頃によく歌った「たきび」の歌は、中野区から生まれたのをご存知だろうか。ここの旧家には今でも垣根が残っていて、あるいは残されていて、解説の立て札が立っている。この歌を作った巽聖歌《たつみせいか》氏がこのあたりに住んでいた頃に、この一角の垣根とたきびを見て発想したとか。だから何だと言われればそれまでだが、現地で、へえええええ、と感慨に浸るのも一興。

マニアな中野に潜入

中野サンプラザ界隈を徘徊。山下達郎さんのコンサートに何度か来たことがあるなぁ。うおうおうおうライドオンタイム。雨は夜更け過ぎに〜。君の呼び名はイカロス。僕はどうすればいいいい〜。コリドォォォオ。

裏路地には八十年代のヒット曲をかけてくれるのか、歌わされるのかの店があちらこちらに。そして、「風恋人《ふれんど》」「ハヤシ屋中野荘」など、店の名前の付け方に昭和を感じながらそぞろ歩く。

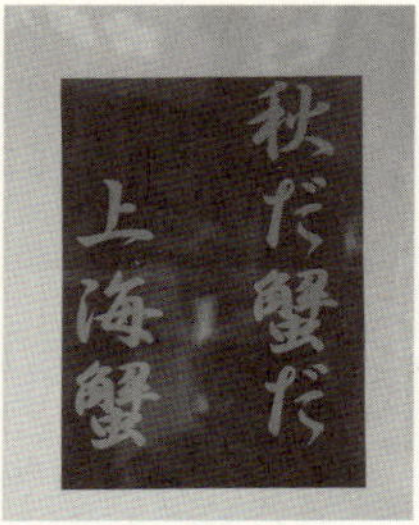

ちなみに取材時は真冬でした

額に入ったコピーの「秋だ蟹だ上海蟹」の語呂の悪さにつんのめり、「中野最大のパーティールーム」に疑念を持ちつつも、「パーティールームを探すのに、中野最大を探すのはどういう人たちか」という疑問を引きずり、「オムハヤシ食べませんか？」の質問に「食べませんよ」と答えつつ、「男と女の美容室」にわざわざ書く意味があるのかを訝《いぶか》りながら、「メイド in 中野」は中野生まれの中野育ちの人々が働く店か、いやそれならば「ボーン in 中野」にするべきか、と考え、「あ!!　そうだトコヤへ行こう」もＪＲな響きはすれども「へ」は余計だな、などと添削しが

美術館のような展示の仕方です

こちらは売り物ではないそうです

てら、やって来たのは中野ブロードウェイだ。

いや、もう参りました。こんなことになっていたとは。一階から四階まで、虫喰い的にではあるけれども、まんだらけ、まんだらけ、まんだらけ、まんだらけ、まんだらけ、まんだらけ、まんだらけ、まんだらけ、まんだらけ、まんだらけ、まんだらけ、まんだらけ、だらけだ。

漫画やフィギュアから懐かしのがらくた風お宝、アニメのセル画、コスプレ用品、ビル全体がオタクやマニアや趣味人の聖地となっている。これからも少しずつ流行に合わせてマイナーチェンジをしつつ、この街を侵蝕していくのだろうなあ。

中野区といえば、貴乃花部屋だ。以前、墨田区で陸奥《みちのく》部屋を取材したので、今回はちゃんこにしてみた。つまりは、貴乃花部屋とは関係がない、東中野駅近くの「北の富士」という店へ。

五十二代横綱・北の富士が経営する店、なのかどうかはわからない。ゆかりの人物の名前や展示が店の内外にひしめいているが、果たしてどうなのか。お店の方の手が空いたら聞いてみようと思っていたのだけれども、いかんせんひれ酒を飲んでしまった。もちろん、お店の方の手が空いてきた頃には、いずれ聞こうと思っていたことは遥か遠くへうっちゃられて、財布をはたき込み、というのは嘘で、良心的な値段設定に驚き、マニュアル仕事ではないフレキシブルな対応をしてくださったことにも感謝。

中野区、また来るよ。そりゃそうだ、近いもの。最後まで担当君はメイドバーに未練があるようだったが……。

（二〇一四年三月）

本日のまつを道

尚チャンラーメン
本町 5-33-15

↓

宝仙寺
中央 2-33-3

↓

「たきび」のうた発祥の地
上高田 3-26

↓

中野サンプラザ界隈

↓

中野ブロードウェイ

↓

まんだらけ 中野店
中野 5-52-15

↓

すもう食酒屋 北の富士
東中野 1-50-4 日進ビル B1F

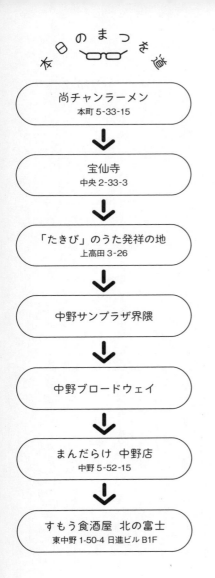

杉並区

「う」「ラ」「そ」「ス」で巡る人類皆麺類

杉並区と聞いて真っ先に思い出すのは、ロス疑惑である。

三十年ほど前、燃費良くマスコミが燃焼し続け、日本中を大騒ぎさせた大事件が二つあったのだが、グリコ・森永事件とそのロス疑惑なのだ。グリコ事件の「かい人21面相」と違って、ロス疑惑の渦中の人は逃げも隠れもしない劇場型の顕示欲旺盛な人で、杉並区に居を構えていて、近隣の住民から「杉並区から出ていけ」と騒がれていたのを、関西方面から私は「つまり、杉並区っちゅうとこはええとこなんやろうなあ」と反語的に解釈していた。

そういう意味で、至って個人的にではあるけれど、ロス疑惑の土地だった。私にとってのロス疑惑は、渦中だった人物が経営していた雑貨屋「フルハムロード」があった渋谷区でも、ロスアンゼルスでもなく、杉並区なのだ。

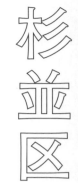

いきなりずれたところから始まってしまって申し訳ない。何か、私にとって杉並区は、近くて遠い区なのだ。

東京では、主に小田急沿線と田園都市線周辺にしか住んだことがないからだろう。世田谷区からすぐ北隣の杉並区は、公共交通機関で出かけようとすれば、渋谷や新宿を経由して行くことになるので、何となくだが大仕事に感じてしまうのだ。なので、よほどピンポイントで心動かされる要素や、仕事上の必然でもない限りは、たまたま行く場所ではなかったのだ。

担当のS君に「次は杉並です」と言われて私がすぐさま提案したのは「杉並は麺類」ということだ。なんだ、杉並はそれだけではないぞとおっしゃる方も多かろう。その通り。しかし、麺類に目がない私にすれば、それだけで十分なのである。仕事の都合以外の理由で私が杉並を訪れた記憶を辿ってみると、本当に「麺を手繰りに行く」ことしかないと言い切っていいだろう。杉並区で麺を食います。

まずは軽く一杯、の予定が

最初のスポットは、うどんである。

東京で「蕎麦」ではなくまず「うどん」とは意外で、少々麺喰らった。S君がリサーチして得意気に連れて行かれたのだが、武蔵野うどん専門店の「肉汁饂飩屋　とこ井」という、カウンターの店だった。

武蔵野というからには関東風のはずだ。さあ、店内に入ってまず目に入ったのが、自動券売機の上にちょこまんと鎮座する二体のビリケンさんだ。

ビリケンて！　通天閣やん。新世界やん。大阪やん！！！

まあ、縁起物に国境も県境もない。ましてや、ビリケンさんはフローレンス・プリッツが創った彫刻が元だから、うどんもメリケン粉ということで。

ところが、地粉と農林61号という、アメリカとは無関係の小麦粉だった。いや、生まれて初めて関東がルーツだといううどんを食べたけれども、こんなに食い応えのあるものだとは。色は素朴で、形は無骨、歯応えの強さといったら、咀嚼《そしゃく》しているうちに満腹感も出ようというもの。それが豚の旨味でどんどん食いたい、しかしうどんがちょっと待て、もう少し口の中で遊んでいけばいいじゃないかと、不思議な感覚に襲われる。〈＊現在は、地粉とあやひかり、きたほなみを使用〉

なかなかに男っぽいうどんで、もちろんボリュームもあるので、もう今回はうどんだけでできあがり、という感じになりかけたが、S君が「腹ごなしに少し歩いて次へ！」と、何やら張り切るので、その界隈を彷徨《うろつ》くことにした。

「わがままパブ　チャオチャオ」発見。入りたいが、営業時間ではなさそうだ。内心ほっとする。入りたいけれど、絶対に後悔しそうだからだ。どんなわがままを言わせてもらえるのか。あるいは、どんなわがままを言われてしまうのか。想像しただけで脱力してしまいそうになる。

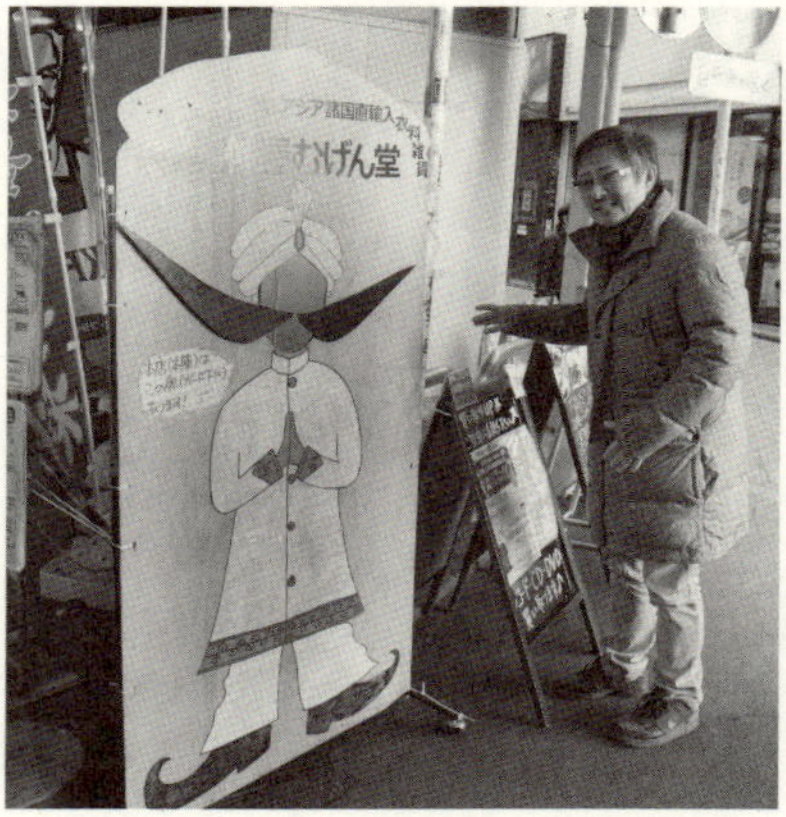

顔ハメしたかったなあ……

「チャオチャオ」という店名も不思議だ。「炒炒」ならば中華だろう。「チャオ！チャオ！」ならばイタリアンか。何だろう、「こんにちは！」「さようなら！」とは。ハロー・グッドバイをイタリア風に名付けたのか。いや、きっとママさんが飼っているシーズー犬の名前がチャオチャオなのだろう。いかん、この店の前で思索していても腹は減らない。歩きましょう。

〈＊現在は閉店〉

「餃子0円！」発見。今の私にはタダでも腹を膨らませることは許されない。ましてや、これは他に何かを食べたら餃子をサービスしますよということであることは明白。麺類ならいいではないかとも思ったが、S君の鼻息も荒いので黙殺。

「らーめん横丁」に惹かれるも、「ここじゃありません」と無情に言われて歩き続ける。

何やら楽しそうな書割《かきわり》がある。穴から顔をのぞかせて記念写真が撮れる、観光地によくある板描きの絵だが、いかんせんこの書割、裏に入ることが許されない状態になっている。インド雑貨の店のようだが、「元祖仲屋むげん堂」だそうだ。元祖と書くからには、きっと類似店があるのだろう。こりゃ大変。

ではないか。

高円寺の商店街を歩きまくる

高円寺純情商店街で純情になってみせたが、腹が減るどころか胸がいっぱいになってしまったではないか。

古本屋の「BOOK・OFF」のような、「Liquor OFF」なる店を発見。そうか、貰い物の洋酒などを売りに来るのか。どういう人が売りに来て、どういう人が買いに来るのか興味津々だが、立ち止まっていては腹が空《す》かない。

何だかわからないが、「店内30パーセントオフ」の貼り紙を発見。しかし、店舗がどこにあるのか皆目わからず。

黄色い店はカフェのようだ。街の中にあるとお洒落だし目立つのだが、入る勇気はない。すぐ近所には、同じく真っ黄色のシャッターがある。三枚のうち一枚だけが中途半端に開いていて、閉まっている二枚には不気味なおっさんの巨大な顔が二つ、全面に描かれている。店の名前は「アニマル洋子」らしい。ここも関わり合いにならないほうが良さそうだ。

もう一つ、黄色い看板の味のある雰囲気の古書店があったが、ガラス戸の内側にカーテンが閉められていて、休業日のようだ。なぜか、黄色い色がこの街のポイントになっている。

「もあい整骨院」発見。先生がモアイ像に似ているのか、お名前が「もあい」さんなのか、沖縄の「模合」を表しているのか、それとも南太平洋式の整骨なのか。確かに入り口の両脇には、シーサーのように、金剛力士像のように、左右二体のモアイ像が。やはり、イースター島出身の先生なのだろうか。そんなはずは、ない。

地下鉄「新高円寺」駅の出口があったので、加山雄三さんの散歩の番組のように、地下鉄から上がってきた雰囲気だけを表現。加山さん、絶対に地下鉄に乗っていないと思う。そんなことはどうでもいいが。

また彷徨《さまよ》い歩くうちに、奇妙な自動販売機を見つけた。何やらよくわからないものが千円で売られている。前面には「お・も・て・〈ふなっしーの絵〉30倍返しだ！」と書かれている。おそらくいかがわしいものだろう。いかがわしいものなら興味があるので、早速購入。なあんだ、充電器のセットではないか。きっと引き出しの肥やしになるのだろうなあ。

移動式のカフェや、ビンテージもののキャラクターグッズの宝庫などを冷やかして回り、ようやく次の麺類と思《おぼ》しき看板が。「彼は唐あげ　彼女はミートソース」高円寺店、だと！　何なんだ、そんなことを勝手に決められてしまうのか！　という前に、カップル専門なのか！　同伴スパなのか！　ということで、別の店へ。〈＊現在は閉店〉

高円寺センスを感じますね

純情商店街で胸いっぱい

その近くに、「～高円寺の不思議パン～不思議な窓☆優」「パパにやさしいパブ　カレン」「七輪山海焼き　じじばば（じばじば、かも）」等もあったが、もちろん麺類ではなさそうなので、素通りを。

「近代麺類四種競技」に再挑戦

ようやく、胃袋に空きができてきたので、近代麺類四種競技に戻ろうと思う。

やって来た、というよりは、ぐるぐる歩き回って何度も近所で入るタイミングを見計らっていたのだが、「ラーメン万福」に入店。

ここの名物は「牛乳ラーメン」らしい。これをぜひ食べろとS君が強烈に推すので、致し方なく注文、と彼らを見れば、普通に味噌ラーメンと醤油ラーメンを頼んでいるではないか！　何と理不尽な、と思いながらいただいたら、これは儲け物、意外な美味さに少なからず感動。

もう胃袋には何の麺類だろうが入る隙間はないぞという案配のまま、今度はインターバルがほとんどない状態で蕎麦の名店「鞍馬」へ。有名店で、説明の必要もないだろう。

蕎麦っ喰いの私は、四半世紀前から何度も来ているので驚くことがない、相変わらずの絶品の美味さなのだが、初めてゆっくりとご主人と会話ができて驚いた。私がお世話になっていた桑名正博さんややしきたかじんさんとご昵懇《じっこん》だったようで、共通の知人の多さに驚く。ここにはまた近いうちに訪れる確信。

うどん、ラーメン、蕎麦と来れば、最後の麺はパスタしかないではないか。そして、胃袋の隙間は僅かしかないではないか。

近年大人気のお洒落なイタリアンレストラン「アヒルの空」で、旨味の強いパスタを、S君たちとシェアをしながら、もう完全にワインのためのおつまみ状態で、パスタをちびりちびり舐めるように食いつつ、赤ワインをグビグビ。

杉並の何たるかを最後までぼんやりとさせたままの麺手繰り小旅行だった。　（二〇一四年四月）

本日のまつき道

肉汁饂飩屋　とこ井
高円寺南 4-7-5 第一久万乃ビル1F

↓

高円寺の商店街

↓

ラーメン万福
高円寺南 3-23-19

↓

そば処　鞍馬
西荻南 3-10-1

↓

アヒルの空
西荻北 4-3-4

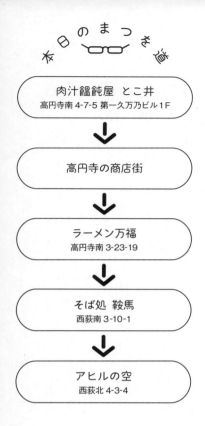

豊島区

池袋
東西武で
西東武

なぜ豊島区は「とよしま」ではなく「としま」なのだろうか。

「としま」という響きは、年嵩《としかさ》の女性を想像させる。女性を「年増」と表現すると、きっと当人には不快に思われることが多いだろうが、そもそも年増とは二十歳あたりを指すそうだ。昔の二十歳だから、満で言うと二十歳ではなく、十八歳～十九歳だろう。「娘十八番茶も出花」から、良い感じに成長した頃合いが年増という状態で、どちらかといえば褒め言葉だったのだろうけれども、今のアラフォーの人たちですら、年増と言うとむっとするだろう。

蛇足ながら、「大年増」は三十歳あたりを指すらしい。初老の男性、などと言うが、本来は四十だそうで、私などは完全に老人ではないか！

何が「蛇足ながら」だ。ここから前がすべて蛇足ではないか。いやいや、これはこれで楽しいものだ。と老人らしく独りごちてみたぞ。

豊島区である。元々、このあたりの領主だった豊島氏の名が由来で、この地域も「北豊島郡」と言ったそうだ。北区、板橋区、練馬区等を含む広い地域だったのが、行政区分が変わる時に、中心部だった板橋区ではなく、たまたま栄えていたこの界隈が豊島区と名付けられたそうだ。ついでに言うと、その元となった豊島という地名自体は北区にあるらしい。そして、「としまえん」は練馬区だ。

東京の四大繁華街の一つ、池袋を外して考えるのは無理がある。しかし、池袋は、他の三つの街と違う空気を感じてしまうのだ。「新宿」「渋谷」「銀座」をこよなく愛す、という人々はなぜか多いが、「池袋」をこよなく愛すという友人知人を私は知らない。

単にそれぞれの発信力のせいもあるのだろうか。「たまたまそうだ」というだけだろうが、あれだけ栄えている大都会だというのに、何か少し魅力薄に感じてしまうのはなぜだろうか。それぞれの店舗や施設は魅力があるのだが、池袋という街の構成に何となく脱力感があるのだ。

「東が西武」の東口からスタート

今回は東口から散策してみることにした。「不思議な不思議な池袋　東が西武で西東武」というカメラ店のコマーシャルソングも懐かしく、久しぶりにこの地へやって来た。

シアターグリーンやサンシャイン劇場、東京芸術劇場などに芝居で出演する時か、あるいは知人の舞台を観劇に訪れる以外にはなかなか来ないので、土地勘も薄い。北のほうに行くから涼しいだろうと革のジャケットで後悔をしながら歩き出した。

駅開設七十七周年という半端な記念に作られた母子像が設置されているが、意味はわからない。大きな左手に乗っている小さな母子なのだが、構図を決めるデッサン時に、右手で描くから左手をモデルにしたのだ、という消極的選択は想像したくない。してしまったが。

駅前ではなぜか地面が気になり、マンホールなどの金属製の蓋《ふた》が気になって仕方がない。古い電電公社のシンボルマークや、「救7F」と彫られたもの、桜の装飾に「合流」と指示されているもの、イチョウに「電」の字が重なったもの、「管布設」と彫られ「◎◎◎年」が完全に読めないもの、さまざまだ。地面の写真を撮っていると、百貨店の警備員が不審そうに見ているので、前を向いて歩くことにする。

池袋といえば、フクロウですね

駅前の洋菓子店の九階にあるコーヒーラウンジでコーヒーを頼む。気位の高そうなアルバイトと思《おぼ》しきウエイトレスの女性が、私たちが店を出るまで一度も笑顔を見せることなく毅然《きぜん》と応対していたのがかえって清々しい。

窓の外を見下ろすと、交番が鳥のようなデザインになっている。モティーフはフクロウの頭だろうか。なるほど、夜行性だから寝ずの番をするぞという決意の表れだろう。

西口へ移動して、住宅街へ。

祥雲寺という寺に石ノ森章太郎先生の墓があるというので、お参りさせてもらった。この寺の墓地にはソーラーパネルが張り巡らされていて、持続可能な自然エネルギーを推進している様が、最新技術なのに仏様のご意思をも感じさせる「目から鱗《うろこ》」の光景だった。

石ノ森先生の墓石は、それほど苦労せずともすぐに見つけることができた。墓石と卒塔婆と供花と馴染みしサイボーグ。「佐武《さぶ》と市捕物控」やら「仮面ライダー」やら、お馴染みの遺作が刻まれ、彩色されていて、ファンにはありがたいばかり。最近は供花の盗難が多いとのこと、皆様お気をつけて。

ずんずん歩くうちに、このあたりにカレーの名店があるという情報を入手。もちろん、これは立ち寄らざるを得ない。立ち寄れば、喰わざるを得ないではないか。

その名も「かえる食堂」という可愛らしさ。カレーソースの表面には、ラテアートならぬカレーアートのかえるさんがサービスされている。調整の様子を拝見するに、うちの店（下北沢&大阪・新福島の「。般若（パンニャ）」）とプロセスに共通点がありそうな雰囲気。きっと私の好きなスパイシーさ、香りの良さを大切になさっていると感じてありがたく頂戴する。まことに好みの、誠実さがうかがえる味作り、感じ入りました。

都電荒川線にゆられず

荒川線のホームの注意書きを読もうと近付いたら、複数の自転車の鍵が注意書きの看板の上にぶら下がっている。隠すなら、もっと目立たないところにすれば良いし、落とし物ですよ、ということならば持ち主に返す努力をもう数ミリしてみても良いのではないかとも思う。複数の人間で一つの自転車を共有するための習わしがこの地にあるのならわからないでもないが、それにしては不用心で杜撰《ずさん》ではないか。

乗り込むふりをしています

ホームで、三ノ輪橋行きに乗るふりをしてみた。我が師・原田芳雄の生まれ故郷に向かう電車、きっと芳雄さんも若い頃は頻繁に乗った路線なのだろうなあ。しかし可愛らしいというか、スリムというか、車幅が小さい。乗車して、扉が閉まったら両手と両足を内壁の側面に突っ張って床から浮くことも可能だろう。しないがな。

沿線の裏路地に食堂発見。メニューの「カレー　自家製カレー（辛い）￥1000」がすこぶる気になった。説明の「辛い」という一言が、逆に気を惹いているではないか！　満腹で断念。

　遮断機のない踏切で、ここは東京都なのかと突っ込みを入れながら踊りつつ、雑司ケ谷霊園に到着。墓場の中を右往左往してみたら、出るわ出るわ、歴史上の人物やら文豪の墓が。有名な墓なのに、個人情報だか肖像権だか意匠だかで、名指しの撮影を許されないので、皆様には隔靴掻痒《かっかそうよう》の形で写真をお見せすることになったが、それもまた趣向だと思っていただければ、故人も冥土で喜んでくれるかもしれない。

　彷徨《うろつ》くうちに、またもや都電荒川線の停車場に辿り着いた。停車場名は「東池袋四丁目（サンシャイン前）」だ。ところが、サンシャインは向こうのほうのビルの谷間にちょいと見切れる感じで望めるが、少し霞むほど遠くだ。これをよく「サンシャイン前」と名付けたものだと、勇気に敬服。

ジョン万次郎、小泉八雲、夏目漱石、竹久夢二、泉鏡花らのお墓があるそうです

漫画界の神様たちが暮らした街

ちょいと足を伸ばして、かつて昭和の漫画の巨匠たちが暮らしたことで有名な、トキワ荘の記念施設「トキワ荘通りお休み処」に立ち寄ってみた。これこそ文化と言いたくなるような、地元の有志が手弁当とボランティアで運営している、すこぶるハートウォーミングなスポットだ。〈＊現在は公益財団法人としま未来財団の運営〉

私のように一度は漫画家を志した人間にとっては、垂涎《すいぜん》の漫画、物品、写真、資料のあれこれ。これほど「経済的」にみて贅沢なひとときを過ごせる界隈も、東京ではなかなかないのではないだろうか（あくまでも個人の感想です）。

地元の有名店を見つけたと、担当君が勢い込んで予約してくれたのだが、到着するもなかな

レレレのポーズで

か話が上手く通じていない様子の「串駒」という居酒屋で「編集会議」。大塚駅から歩いて五分ほどのところにある銘酒処といった雰囲気。てっきり串焼き屋か串揚げ屋かと思えば、串は最初の一品のみだった。

とにかく、良い酒を飲ませるために工夫は惜しまねえよ、という感じの絶妙のつまみが目白押しで、これは会議などしている暇はないと、するすると名酒や銘酒が喉を自分から侵入してくる異空間。ご主人の、浮世離れした仙人のような出で立ちと眼光と、それでいてすこぶる通俗的な話の種にも振り回される奇妙な快感に、「としま相手」の夜は更けるのだった。

（二〇一四年六月）

本日のまつを道

池袋東口

↓

祥雲寺
池袋 3-1-6

↓

かえる食堂
池袋 3-6-1 第 2 京花荘

↓

雑司ケ谷霊園
南池袋 4-25-1

↓

東池袋四丁目停車場

↓

豊島区トキワ荘通りお休み処
南長崎 2-3-2

↓

串駒本店
北大塚 1-33-25

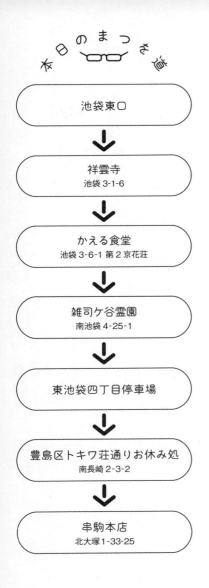

北区

赤羽はヨーヨー酔う酔うユートピア

毎度のようにこんなことを書くのはお門違いなのだけれども、「北区」というと、大阪で仕事をすることが多い者にとっては、その自治体の一番の繁華街という印象なのだが、東京はそうではないらしい。そうではないが、私の生理的な好き嫌いから言えば、なかなかに好感度の高い街なのだ。

区名についてはいろいろと無駄話をすることが多いが、今回はその手法が許されない。「北区」なのだ。ここには、疑問や難癖を差し挟む余地がないではないか。北にあるから北区。明快で清々しい。東京都には、「東区」も「西区」も「南区」もない。北だから「北区」だ。文句はない。

北区には、朝の九時から優雅に飲める店があるという話を聞いて、それはどこにあるかと問えば、赤羽だという。今回は、赤羽からスタートするのが良いという暗黙の了解によって、その駅前で集合ということになった。

赤羽の駅は、さぞかし赤い彩色が施されているのだろうと思っていたが、どちらかといえば、青い彩色だった。駅のカラーリングをした人に、その理由を聞いてみたいものだ。さあ、私たちは自分の顔色だけでも赤い色にしたいと歩き始めた。

駅前に堂々と仁王立ちする全裸の若い男が二人、銅像として安置されている。彼らは何をしているのだろう。駅舎を見上げているようにも思えるが、これを誰かが発注したのだろう。しかしどういう必然があってのことなのか。なぜ、ありがちな異性同士や親子の像ではなく全裸の男同士なのだろう。恥じらったり照れたりする様子などではなく、なぜ「どうだぁ！」という感じで仁王立ちなのか。いや、芸術に理由などいらない。芸術に必要なのは、表現者の衝動だ。要は、これをここに据えたいと思った「購入者の動機」が何だったか、だ。

近くの商業施設の看板に、「グルメ街＆アミューズ」とある。美食の街はわかるが、「アミューズ」とは何だろう。もちろんサザンオールスターズの所属会社ではないだろうから、「楽しませ」という意味の英語なのだろう。こちらには街はつかないのか。何か一つだけオモロいものがあるのだろうか。入って確認するほどの余裕はない。

そのすぐ横には、ずらりと並んだ七福神の面々が、なかなか生き生きとした風情で立ち並んでいる。これはなかなか見られない生き生きさ加減だ。

恵比須は通常小脇に抱えている鯛が前方に突き出され、まるで水上スキーを楽しんでいるような体勢になっている。弁財天は自らの琵琶の音色に陶酔して仰《の》け反《ぞ》り、寿老人は「とったどー!」と叫ぶように巻物を突き上げ、布袋和尚は両手で袋を担ぎ上げ、今まさに攻め上がろうとする敵をめがけて丘の上から岩を投げ落とそうとするかのような姿。大黒天は打ち出の小槌を胸に当て、鼠を誇らしげに天に差し上げ、フォームとしては自由の女神のようだ。福禄寿は客を見送りに出てきたスナックのママさんのような笑顔で「また来てねえーっ!」と言っている風情。毘沙門天は宝塔を持ったままアクロバティックな演技を終える瞬間の決めポーズを取るポールダンサーのようだ。

生き生きなさっています

朝から飲めちゃう赤羽

駅の反対側、飲食店が多く立ち並ぶ一番街にやって来た。入り口のゲートに「創業50年 まるます家」とある。一九五〇年の創業で、おそらくはこのあたりで最も歴史がある老舗だろう。久住昌之さん・谷口ジローさんによる『孤独のグルメ』で紹介されて話題になった川魚を出す店だ。とはいっても、川魚は鰻と鯉で、鮎や鱒はない。その代わり、鯨ベーコンや馬刺しはある。とにかく、長い歴史の間に収斂《しゅうれん》され、発展したメニューが結果としてここにあるのだ。

店先では焼きたての鰻の蒲焼が、まるでコロッケのように気軽に売られている。窓口には「ここにお金を置かないで下さい！　飛んで燃えます‼」と注意書きが。炭火から火の粉が飛んだり、風でお札が飛んで炭に落ちたり、トラブルの元なのだそうだ。なので、五百円玉ならいいような気がするが。

朝なのにもうカウンターがほぼ満席で、二階の座敷に通された。生まれて初めて鯉の洗い（四百円！）を注文。食べたことはあるが、注文したのは初体験だ。鮮やかな色合いのグラデーションを愛でながら、絶妙の酢味噌でいただく川風の香り。つまみに、たぬき奴（五百円）を頼む。つまり、蕎麦屋の冷やしたぬきの、蕎麦の代わりに豆腐が使われているメニューで、客のリクエストで作ってみたらヒットして名物になったそうだ。そうこうするうち、やってきました、鰻重。肝吸いとともに、折からの鰻不足で遠ざかっていた鰻に久々の邂逅《かいこう》。赤羽、朝からありがとう。

ちなみに、商店街の入り口にある「創業50年」は、五十周年の時に掲げたものらしいが、そのまま使っているとか。「創業は50年に」という「解釈変更」で良いのではないだろうか。

街中から住宅街をウロウロと徘徊。こぢんまりとした玩具店を発見。通路の奥にあるであろう店内が暗くなっていて、営業中ではないような感じがしたが、人の気配がするので勇気を出して声を掛けると、口跡のいいご主人が電気をつけて登場。実は、ここはハイパーヨーヨーの販売店で中心的な店のようで、地元の子供たちにもご主人が指導を行っているそうだ。

二〇一一年に廃業したら、北区から「文化的拠点なので思いとどまってほしい」と要請され、現在もヨーヨーショップとして続けていらっしゃるそうだ。アクティビティが似合わない私だが、ご指導のもと、ヨーヨーの基礎をいろいろと教えていただいて、「犬の散歩」や「ブランコ」などの基本的な技が、ようようできるようになった。

ちなみに私の顔が紅潮しているのは、ヨーヨーで興奮したからであって、鰻と鯉の洗いで一杯やったからでは、ない。

〈＊現在は閉店〉

「ブランコ」を習得

店外へ出ると、大きなハーレーダヴィッドソンが置かれていた。ご主人の所有だそうで、九五年モデルの千四百cc、車体は四百六十キロだとか。倒れたら起こせないぞ。だから、倒さないように跨《またが》らせていただく。もちろんエンジンはかけない。

ヨーヨーを手に歩き始めると、ある一角に、淀んだというか渦を巻いたというか、不思議な空気の店を発見。看板に「赤羽霊園」とある。

店外のそこかしこに、おびただしいジェイソンマスクや、スクリームの面が着けられた案山子《かかし》のようなものが設置されている。説明書きには、「天空より生首落下、君は耐えられるか！」「座敷牢完備、妖怪料理有り！」とある。お化け屋敷の趣向を楽しめる居酒屋のようだ。妖怪料理とはどんなジャンルなのだろうか。リピーターを期待していない雰囲気は感じ取れるのだが……。しかし、天空より、とあるのはどう考えても「天井から」だと思うが、それを先に知らせてしまっては効果は半減ではないのか。立て札にも「NEW仕掛け」として、天井の落下が知らされている。だから、知らせてどうするのか。

表の雰囲気でお腹がいっぱいなので、入店はせず（そもそも営業時間ではないが）、昼下がりの空気を吸いながら徘徊を続ける。

日本茶のソムリエ「茶ムリエ」を訪ねる

「くりすたる」「カラオケチャレンジャー」など、都心部ではなかなか見かけない微妙な店名に微笑みながら、お茶好きの人の間では有名な茶葉の名店「思月園」へ。

ああっ、お顔を拝見したことがある。「マツコ&有吉の怒り新党」という番組で「新・3大気軽には飲めないお茶」特集で解説していた人だ！　温かな笑顔で出迎えてくださり、恐縮しつつ店内へ。

壁際の棚には、びっしりと値打ちのありそうなお茶の缶が並び、その横には年代物であろう、茶を真空パックにする機械が据えられている。聞けば、さすが、機械も静岡産だという。

御主人の高宇政光さんは、テレビで拝見した時には、すごいこだわりを持った達人の雰囲気を思わせたが、実際にお目にかかると、柔和で話のわかるアドバイザーといった雰囲気。日本茶インストラクターとして第一期の方で、海外でも多くセミナーを行っているお方だ。

現在の人気ナンバーワンというお茶をご馳走になりながら、さまざまなことを教えていただき、目から鱗の数々。関西で使われているお茶と関東で多用されるお茶の特徴の違いなども教えていただいた。料理屋などで、なぜ食前にほうじ茶が出て、食後に緑茶が出るのか。水出し茶はカテキンが少なく、つまりは渋みが少なくて色も変わりにくいとか、ペットボトルのお茶は功罪あるけれども、「茶に金を払う」習慣が広まったことは評価できるとか、茶葉を加熱することで酸化を防ぐことができるとか、その加熱も中国のように釜で煎るのは日本では少数派で、ほとんどが蒸しているとか、教えていただくごとに後頭部から記憶とお茶がこぼれていくのでこのぐらいしか覚えていないのだが、とにかく一端《いっぱし》の茶人になったような気分で飛鳥山公園へ。

歴史と文化が息づく「飛鳥山」を登る

江戸時代から続く桜の名所としても有名なこの公園は、少々小高い丘になっている。そこへ上がるのに、すこぶる可愛らしい乗り物が用意されている。「あすかパークレール」と呼ばれる、四十

（左）滑り山も果敢に攻め（右上）山頂の標高を変えるつもり？（右下）子供が回してくれました

八メートルのごくごく短い距離の線路の、傾斜角度二十四度を上り下りする「アスカルゴ」というモノレールだ。

係のおじさんに料金を払う場所を尋ねると、「そんなものは要らねえよ、旅のお方」という顔で首を横に振られた。粋だねえ。

倍賞千恵子さんのアナウンスが車内に流れている。あっという間に終点について降りたところにおじさんが。走って先回りしたのかと思ったら、痩せていた。つまり別の人だった。こちらのおじさんも気さくな人で、一緒に記念写真を。

頂上の高さをちょっと変えるという歴史的な作業をして、アンバランスにリアルな造りの象さんから滑り降り、滑り台からも滑り降り、客車や機関車で遊びつつ童心に帰り、巨大な滑り台というよりは滑り山で微笑ましく、しかし良い子は真似をしてはいけない落書きを鑑賞し、遊具という遊具すべてを楽しんだ。

ふと気づいたのだが、この公園で子供を遊ばせているお母さんたちが皆べっぴんさんなのだ。このあたりに何かそういう事情でもあるのだろうか。あるわけがない。

この公園の敷地内には三つの文化施設があり、その一つが「紙の博物館」である。北区の王子は近代的に洋紙を作り始めた（後の王子製紙）、日本の洋紙発祥とも言える土地で、この博物館も一九五〇（昭和二十五）年に創設された。前述の赤羽「まるます家」と同い年なのである。パピルスや和紙など、紙の歴史に関わる一切合切と、素材、加工法、用途など、さまざまな展示と解説が充実している。

ご存知か、ダンボールという紙は、シルクハットの汗とり用に開発されたということを！　もとより紙フェチと自称するほど紙が好きな私は、一人はしゃいでいたように思う。

紙に関するクイズを出してくれるコーナーがあり、タッチパネルで回答していくのだが、私は滅多に出ないという全問正解を達成して、賞品はなかったが、褒められた。ここは見応えがあるので、ぜひ足を運ばれよ。

十条の商店街の魅力には抗えない

赤羽、王子ときたので、やはり十条だろうという、よくわからない理由で十条の駅前にある酒場で一献。今年（二〇一四年）の七月は、中島らもさんが亡くなってまる十年という節目なので、らもさんが大好きだった思い出の店にやって来た。大勢お客さんが来られても、人手不足で対応できないとおっしゃるので、店名は出さないが、それでも行きたいと思った人は、検索すればすぐにわかってしまうのだろうなあ。私を見たら声をかけてください。

美味くて気取らないつまみと美味い酒をいただいて、ようやく北区。いや、帰宅。凝縮した北区の魅力を濃厚に感じられた一日だった。

（二〇一四年七月）

本日のまっきー道

赤羽駅

↓

まるます家総本店
赤羽 1-17-7

↓

ヨーヨーショップ玉屋（閉店）

↓

思月園
赤羽 1-33-6

↓

飛鳥山公園
王子 1-1-3

↓

紙の博物館
王子 1-1-3

↓

十条商店街

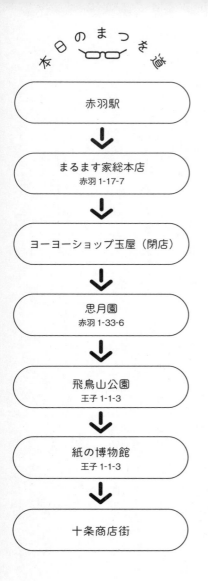

荒川区

富士見台
ネバー・ダイなら
不死身だい

荒川区というと、思い浮かぶことがほとんどない。

もちろん、荒川区に名物がないと言っているのではなく、どういう運命のいたずらか、ほとんど足を踏み入れたことがない区なのだ。昔、原田芳雄さんに連れて行ってもらった三河島あたりのもんじゃ焼きの印象が個人的にはあるが、それも二十年ほど前で、店の名前すら思い出せない。ただ、生まれてこのかた、もんじゃ焼きという物を美味いと思ったのはその店だけだということで覚えている。今回、それとなく探してはみたが、徒労に終わった。

荒川区といえば、日暮里なのだろうか。高層ビルが寄り添うように建っている駅前で、くだらないとは思ったが、にっぽり笑ってみた。

さあ、光を浴びながら歩き出そうと思ったら、付近の推奨散歩ルートのような案内板があった。そのレタリングが、ロマンポルノの「にっかつ」のようで少々嬉しくなったので、少しその指示に従って歩いてみようと思った。思っただけだが。

おおそうだ、テレビでも見たことがある駄菓子の卸の店があったはずだと喜んでビルに駆け込んだが、定休日だった……。一応、所狭しと張り巡らされた有名人のサイン色紙を背に、記念というか、証拠の写真を撮ってやった。

警察や町内会による立て札を発見。「神輿・山車の巡行につき駐停車禁止となります」のだ。ふとその看板の裏を見ると、「3S住宅」の広告の捨て看板だった。なかなかにエコロジーの街、日暮里である。

駅の脇にはたくさんの線路をまたぐ「下御隠《しもごいん》殿橋《でんばし》」に、鉄道ファンには垂涎《すいぜん》の絶景ポイントがあった。橋の中ほどにバルコニーがあり、

残念ながら定休日。店頭で凹み中

鉄っちゃんの間では「トレインミュージアム」と呼ばれるほどの名所だそうで、線路が十四本、通過する電車は二十種類、一日およそ二千五百本の列車が通過する場所なのだそうだ。しかし、私のあまりの行いの善さからだろうか、絵になる列車が通ってくれるタイミングではなかったようだ。

たらたらと先へ歩くと、いくつかの寺がある。門には江戸文字の粋な千社札がビシリと貼られているが、水に溶ける和糊で貼ってある。これをシールで作ったような今風のインチキ千社札などを使うと、建材の表面が劣化してしまうらしいので、要注意。経王寺の門には、戊辰《ぼしん》戦争の時の鉄砲に撃たれた穴が残っているのでさらに要注意。何にだ。

通りすがりに見つけた、アロハスタジオ「カレイホオマル」という看板を見て、意味がわからない私は、「アロハシャツはハワイの正装だから、フォーマルなんだろうなあ、華麗フォーマルかあ、しかし『ホオマル』はないだろう……」と独りごちていたら、この店のマダムのハワイアンネームだったようだ。賢い女神様、という意味だとか。早合点、失敬しました。

危うく台東区へ迷い込む

浴衣を着て散策する若い女性の姿などを見ると、「やはり下町だなあ」と感じ入る。

ふらふらとその人たちが歩く方向へ結果的について行くと、不思議議丸出しの小さな店舗が目に入った。看板には「邪悪なハンコ屋　しにものぐるい」とある。

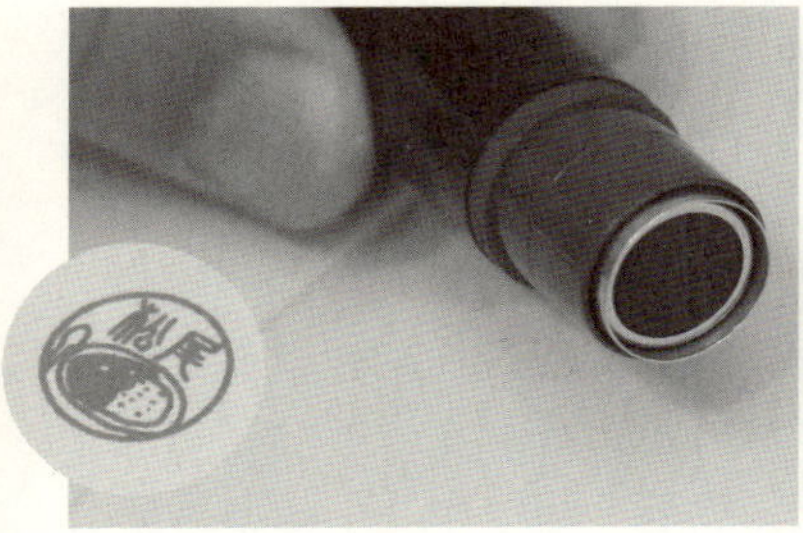

カレーの絵柄に「松尾」の文字

夕やけだんだんを下ると、道の両側で区が異なる

何だこれは！「しにものぐるい」といえば、俳優の山西惇（八十山西男）と八十田勇一（八十山東男）の八十山兄弟が、「いきものがかり」の向こうを張って組んだ演歌歌手のユニット名ではないか。知ってか知らずの偶然か、そんなヘンテコな名前を付ける店はどうしても押さえておかねばならない、と意気込んだものの、地図で調べたら何と、谷中ぎんざ商店街を境にして、台東区だった。しかし、そこは「荒川区を歩いていて発見できた」スポットなのだから、咎《とが》められることはないだろう。

果たして、店の中には所狭しとナンシー関を思わせるようなタッチというか、線分で描かれたイラストレーションが貼られている。これらはすべて、はんこの図案なのだ。この絵と書体と文字を選んで三十分ほどすると、シャチハタのような印鑑ができあがってくるというのだ。全然邪悪ではないぞ。どちらかといえば、ほのぼのとしたサブカルチャー商店ではないか。

あまり台東区に長居は無用（今回は荒川区）なので手早く選んで発注し、「また来る！」と言い残して、その斜向《はすむか》いあたり、つまりは荒川区のエスニックな感じのするレストラン「ZAKURO」へ飛び込んだ。

天井からはおびただしい数のトルコ風の照明がぶら下がり、何だかわからないがハイテンションな店員が、食事をしている数組の客に、「さあ、かかってこい!」などとワイルドな軽口を投げかけている。浴衣美人らが淑《しと》やかにトルコ料理をつついている様を横目に、靴を脱いで、床に敷かれたカーペットにあぐらをかき、定番と思われるランチを注文した。

この店はわんこ蕎麦状態で、断るまで次から次へ料理を運んでくる「はい、どんどん、じゃんじゃん」な店だったのだ。エスニックな割には味付けはマイルドで、酸味の妙が利いていたように感じた。トルコ料理という触れ込みなのだが、持ってくる料理や調味料が結構な割合で別のイスラム圏の国の物が多く、中東に数週間滞在した気分になれた。

さあ、タッチアンドゴーでハンコ屋に立ち寄って、完成品を受け取ろう。出来映えには満足した。円の中に、通常のはんこのような篆書体《てんしょたい》の「松尾」と、その下にカレーライスのイラストレーション。私がこれを作らなくてどうするというのか。ありがとう、荒川区と台東区! さすが、谷中の銀座だ。

東京で唯一、富士がみえる富士見坂

さあ、何かを探して街を歩こう。

屋上には、等身大のラクダとロボが

　富士見坂にさしかかったので、一番標高が高そうな位置から富士山を眺めることにした。富士が見えるから富士見坂なのだろうから、当然、絶景を期待するではないか。ところが、ちょうど良いところに中途半端なビルが建ってしまっていて、富士見坂からは富士山が見えないのだ。いや、見える時にはそのビルの横にはみ出した部分が見えるというのだが、それすら靄《もや》がかかっていて何も見えない。ほらみろ、台東区のはんこ屋どころか、山梨、静岡を頼りにする場所だってあるのだ、参ったか。

　裏通りを歩いてみると、小振りなビルの屋上に、実物大と思われるラクダとロボットのオブジェが置かれている。「HIGURE 17-15 cas」という不思議な画廊だった。

　たまたまこの日は多摩美大卒の太田麻理さんという美しいアーティストの絵（この場合、「美しい」は「アーティスト」と「絵」の両方に掛かっています）と、パフォーマンスの成果であり作品である壁の痕跡と、どこか外国で路上パフォーマンスをしている彼女の映像が壁に映写されていて、しかしギャラリーには誰もおらず、猫が二匹、餌を食《は》んでいるという状況だった。

作家は昼食で中座しているとのこと。しかし在廊だとヘンテコなこの取材の説明をするのがおっくうだ。人間万事塞翁《さいおう》が馬である。画廊の芳名録にサインをした私は、もちろんそこに先ほどできたばかりのカレーライスの絵付きのはんこを押したのは言うまでもない。

散策をしているくせに、近道をしようと通った神社の境内には、なかなかにファンキーな狛犬が鎮座していた。「組れ」とあるからには、れ組の皆さんからの奉納なのだろう。鯔背《いなせ》なのだろうなあ。鯔背ファンキー。鯔背直樹。何だそれは。

新大久保とはまた違ったコリアンタウンの街並み

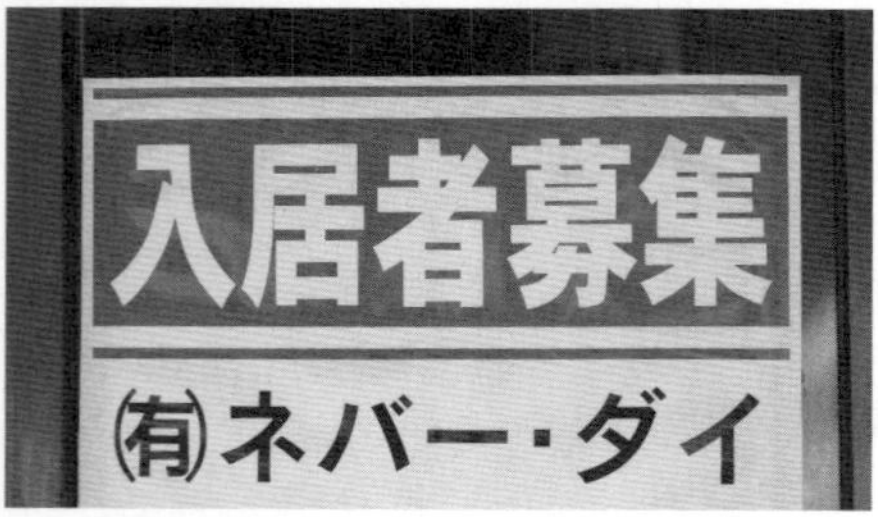

誰が不滅の存在なのだろう

さらに歩みを進め、「安全横丁」でとにかく安全を確認し、近くの「ひったくり多発路線」で自分がそもそもひったくられるような物自体を持っていないのを確認し、「ひぐらし名人会」のポスターの前では漫才の巨匠たちがピンで立たれているのを確認し、「喫茶&パブスナック　ニューバイオレット」の店頭には看板も含めバイオレットが一切配色されていないのを確認し、「東日暮里三丁目」交差点では交

差点名の表示板があまりにも老朽化していることを確認し、「モランボン」の貼り紙の「チャリ刺」とは何かということだけは確認できないままに、帰途につく決心をしたのだった（後で調べたら、「チャリ刺」とはスズメダイの刺身のことで、済州道の特産料理なのだそう）。

帰り道に発見した、入居者募集をしている不動産会社の名が「有限会社ネバー・ダイ」であることにシビレたぞ。そして、三河島のコリアンタウンの居酒屋ならぬ居食屋「華花」の看板が風で倒れないように押さえてある重しがＪＩＮＲＯであることで、意味のない安心をしたのだった。

荒川区よ、いろいろ気付くことができた。ありがとう。

（二〇一四年九月）

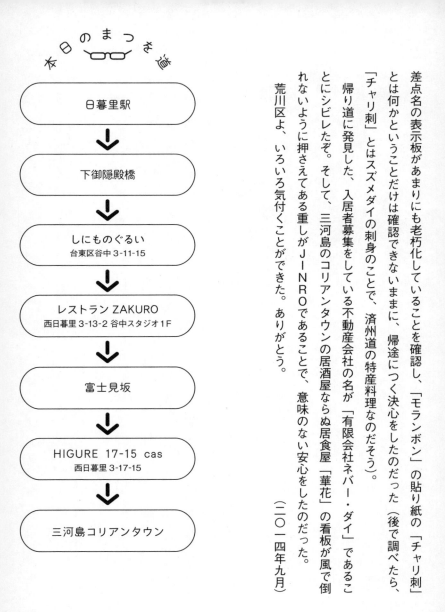

板橋区

ホットチャイ
残してしまい
御免チャイ

板橋区という地名を初めて聞いたのが、大学生の頃だった。音のコントのユニット（というのが適当かどうかはわからないが）として活動していたスネークマン・ショーのラストアルバムがリリースされた時の販売促進の一環で、アルバムの主題にもなっていた戦争反対にちなんで、「黒い羽根運動」という、反戦運動を模した署名活動が演出されていて、その署名の送り先が「東京都板橋区清水町○―△―□　愛の小林敬二」という宛先だった。

後年、そう呼ばれるようになるバイラルマーケティングの走りだったのではないだろうか。指定された人数分の署名を送れば、募金すればもらえる赤い羽根のような作りの、色が黒い羽根が署名の人数分送られてくるというキャンペーンだった。当時は、販売促進のための手法としては斬新だったのかもしれない。後から知ったことなのだが、その住所には事務局などは存在せず、単にレコード会社の社員の自宅だったそうだ。

つまり、である。三十数年前のことを掘り起こさなければ、私の人生の中で「板橋区」が出てこないという、どこかの県会議員が言うところの「縁もゆかりもない」ところなのだ。

その後の記憶としては、二十数年前、何かの落語会の打ち上げで、放送作家の高田文夫さんが「勝ってくるぞと板橋区（勇ましく）」と軍歌をもじった駄洒落を言っていたのを覚えていることぐらいか。つまり、狭い東京二十三区であるにもかかわらず、それほど馴染みのない区の一つである板橋区が今回の徘徊の現場だ。

馴染みがないだけに、彷徨《うろつ》く場所の選定にも苦慮したが、であればイメージがしやすいであろう、「板橋のナントカ」と呼ばれているものに着目しようと考えた。「アジアのシンドラー」「日本のタージマハール」「東京の鶴橋」のような感じで、何か「板橋のナントカ」がナントカ見つからないかと探したら、見つかったのはここ、常盤台だった。

何を隠そう、ここは「板橋の田園調布」と呼ばれているのだ。誰に呼ばれているのかは知らないが、駅前あたりの道から裏へ一本入ると豪邸がちらほら林立しているというのだ。ちらほらでは林立と言えるのか不安ではあるが、さっそく歩いてみた。

歩いてみたのだが、いかんせん私自身が、田園調布自体にも縁がない。さあ、ここは似ているのだろうか。東武東上線「ときわ台」の駅そのものはこぢんまりしているが、にもかかわらずマクドナルドとモスバーガーの両方があるというのが、一味違うところなのだろうか。品数の控えめなTSUTAYAも何かを語っているような気がする。

集合前に周辺をうろうろしていたこともあり、すぐに街の全貌がわかった。なるほど、田園調布というのはこういうところなのかと納得した。正解かどうかはわからないが、納得はしたのだ。

朝六時に起きてから正午まで何も口に入れていなかったので、早速昼食をとることにし、すでに見つけてしまっていたカレー屋に入った。いや、私一人だけで店を発見した時に何か心のブレーキが入ったのだが、しきりに店内へ年配の女性従業員が熱心に促すので、その時点では少しばかり抵抗して見せたのだが、結局「わかりました、後で連れと来ますから」と言ってしまったのだった。

「カレーには目がない松尾のくせに」と意外に思われるかもしれないが、店先に掲げられている「五つ星ホテルで修業したインド人シェフが手がける〈日本人好みの〉本格インドカレー」というキャッチフレーズに、なぜか尻込みをしてしまったからだった。おまけに、「テレビで紹介された」旨を、幟《のぼり》に印刷してはためかせているのだから、選択肢が多ければまず足を踏み入れない要素が満載なのだが、「まあ話の種に……」ということで覚悟を決めたのだった。

私が選んだランチのセットはカレーが二種類選べるシステムなのだが、メニューに載っているカレーの種類に番号が振られているので、一番と二番で、と注文しようとしたらぴしゃりと怒られた。

「はい、ちゃんと名前で言ってくださいねー」

は、はい、ごめんなさい。だったら番号をつけなければいいのになあ。

カレーの出てくるタイミングと、ライスとナンのタイミングのズレがまた、本格インドなのだろうか。「すごく辛い」という設定を注文したのだが、他所《よそ》で言う「中辛」の雰囲気、そして普通の辛さを注文した担当のT君のは、他所で言う甘口の感じだったとか。

他の者はチャイをアイスで頼んだが、私だけホットで注文したら、一番最初に食べ終えた私に出てきたのが、全員がアイスチャイを飲み干してしばらく経った後だった。

しかし、おばちゃんは何度も「ホットチャイ早くして」と厨房に催促してくれていたのだけれど、中の「五つ星ホテルで修業した」であろうシェフは何やらご機嫌が斜めのようで、私にはわからない言葉で強く言い返していた。ようやく出てきたチャイには砂糖がたっぷり入っていたので、残してしまってすみません。

懐かしい昭和の風景を伝えるイラスト展

常盤台に来ていることをSNSに書いていたからなのだが、落語家の鈴々舎馬桜師匠が「隣の駅のキッチン亀、オススメです」と情報をくださっていたことに、腹が「本格何とか」で満たされた後に気づいてしまった！　痛恨の不注意、くわばらくわばら。

食事後、駅前のちょっと不可思議な彫刻に悩みながら、ロータリーの茂みの中にある、すこぶる

昭和の風景を描いたイラストが壁一面に

わかりにくい案内板を見つけた。「日本書道美術館」という施設があるのではないか！　さっそく直行することにした。

勇ましく正面のエントランスに踏み入ったのだが、しばらくは何も展示をしていないのだとか。残念だ、とぞろぞろ外に出ると、そのすぐ脇にあるギャラリーの存在に気がついた。そこでは何やら展覧会が開催されているようだ。門扉のそばに、イーゼルで展示の趣旨が紹介されている。「描き残したい昭和」という個展で、新見睦さんという方の作品展らしい。

個人のお宅を改造して、ギャラリーとして公開されているような感じだろうか。こういうお宅を拝見すると、「田園調布呼ばわり」されてしまう理由もわからなくはないが、とてもアットホームな感じのする親しみやすさも兼ね備えているので、お高くとまった感じは全くしない。そのスペースに、昭和から平成にかけての、ノスタルジー溢れる情景が、素朴なタッチで描き綴《つづ》られている。

日常のほのぼのとした風景が描かれているのだが、一部には戦争の恐ろしさ、迷惑さ、馬鹿らしさを表現したメッセージ性の強い作品もあり、すべてを含んだ昭和という時代に感慨を寄せる機会となった。ヨイトマケの様子や、ふんどしの巻き方……。画集も二巻出版されているので、ご覧になる機会はあるかもしれない。

カレー文化の過去、現在、未来！

中板橋に移動して、日本初の国産カレー粉の製造に成功したエスビー食品の工場跡にある、スパイス展示館を観覧させていただいた。

ご存知でしたか、「S&B」の名前の由来が、「太陽（SUN）」と「鳥（BIRD）」の頭文字である「S&B」だということを。社運が日《ヒ》が昇る勢いであるように、また鳥《トリ》が自由に大空をかけめぐるように、自社製品が津々浦々まで行き渡るようにとの願いが込められていたそうだ。これからは、スーパーなどでスパイス売り場の前に立った時、心の中で「ヒドリ、ヒドリ、ヒドリ」と三回唱えることにしよう。

オリジナルブレンドに挑戦。クミン多めが松尾流

「ヱスビーガーリックカー」なる不思議なPR車や、なぜこういうデザインにしたのか理解しにくい国会議事堂風の工場の建物の写真などを拝見。そして、いよいよブツが並んでいる場所へ。もちろん、スパイスの展示である。自分がオリジナルのブレンドでスパイスを調合してカレー屋をやっている割には、知らないことが多かったことを思い知らされた。

日本でカレーが食べられるようになったのは、間接的ではあるけれども、ヴァスコ・ダ・ガマとコロンブスとマルコ・ポーロとマゼランのスパイス四天王（これは私が勝手に呼んでいるだけだが）のお陰だったのだ。何という壮大な、海と陸を駆け抜けるドラマなのか。香辛料に歴史あり、更新料に礼金なし。

締めくくりは自分で好きなようにカレー粉を調合する体験だった。ご存知のように、あるいはご存じないかもしれないが、「カレー」という物質や植物はこの世に存在しない。つまり、私たちが創造主となって、「カレー粉」というものを生み出すのだ。

この場に十二種類のスパイスを用意してくださっていたのだが、それらをいいバランスで合わせていくと、魔法のようにカレー粉ができてしまう。早速私も参加したが、やはり軽い気持ちでやっても良いカレー粉ができてしまうのは愛情のなせる業だろうか。

元祖マンモス団地「高島平」の今

さて、あまり自分の趣味ばかり追求していては担当に叱られてしまうので、高島平のＵＲ賃貸住宅の内覧をしてみた。いや、それも興味本位だろうと言われれば全くもってその通りだが、それ以外のことをやったことがあるかといえば、ほとんどないことに驚いていただけるだろう。誠に申し訳ない限りだ。

この団地群は、駅に隣接する地域にあるので、交通の便はいい。おまけに、この中にショッピングセンターや、いろいろな医院、公共的な施設・設備、保育園などが揃っていて、一つの自治体として成立するような状態なのである。
　この高島平団地で、ＵＲ都市機構が保持するのは八千三百戸だそうだが、そのうちの十五戸で、「無印良品」とのコラボレーションをしているそうだ。リノベーションを施して、すこぶるお洒落になっているが、こういう物件の家賃はそれなりに高いのだろうとすねてみせれば、何とこんな素敵な使用例を見せつけられて、耳打ちされたのが八万円台だった。何度も聞き返したので、ウォン建てでもなかった。

〈＊二〇一七年三月末時点でコラボは四十戸に〉

　縁もゆかりもない板橋区に、円を、いや縁を持ちたいと思って帰途についた秋の夕暮れ。ポケットの中のカレー粉の香りが嬉しいぞ。

（二〇一四年十月）

本日のまつを道

ときわ台駅

↓

ギャラリー服部・ときわ台
常盤台 1-7-3

↓

S＆Bスパイス展示館
宮本町 38-8 板橋スパイスセンター

↓

高島平団地

練馬区

手塚さん
絵の具を遮二無二
練りますぜ

練馬区といえば、故・立川談志師匠の自宅兼仕事場があるところなのだが、練馬区にも、なかなか縁がない。そういう区があるということは知っていたが、知人では作家の吉川潮さんが住んでいるぐらいだろうか。お目にかかるのはいつも落語会か神楽坂の鰻屋なので、練馬には行かない。

二十年程前になるだろうか。練馬の光が丘団地にある四百人ぐらい入れるホールで、クリスマスイベントをしたことがある。私の他には、えのきどいちろうさん、中沢新一さん、みうらじゅんさん、酒井順子さん、高城剛さん、山田五郎さんらがいた。他のメンバーは忘れてしまったが、名の知れた人ばかり十人程いたと思う。

皆それぞれで人が集まるような人たちがこれだけ出ているのに、主催者がどうにも宣伝を怠っていたようで、当日の観客数は四十人ほどだった。それ以来、私の中では「人がイベントに参加しない街」というイメージができてしまった。もちろん、そんなことはないのだろうけれど、それからというもの、練馬区での仕事に縁がないもので、私の中での統計はサンプル数が増えないままになっているのだ。

さて、この練馬区のどこを歩くか、担当のT君に一任することにした。

まずは「東武練馬」駅の「魔法使いサリー」の案内板前で待ち合わせだ。この近くに、カツカレーが名物の店があるという。私の中ではカツカレーは縁起アイテム、非科学を信じない私も縁起は担ぐので、緊張しながら暖簾《のれん》をくぐってみた。

靴を脱いで小上がりに座り、即座に出てきたお茶を飲みつつ、メニューで確認したカツカレーを注文してみた。その刹那《せつな》、店員さんの顔がにわかに曇る。

「すいません、今日カツカレーないんですー」

ううむ、それは残念、目当てだったのでごめんなさいと謝り、そのまま店を出てウロウロすること五分間。

斬新な送り仮名の振り方

練馬の商店街のたぬき

もはや人を通す気がないのか？

「ＣｏＣｏ壱番屋」の向かいのビルの二階に、インド料理屋「カトマンズダイニング」を発見。カトマンズといえばネパールだ。オシャマンベといえばユリトール（由利徹）だ。

つまらないことを考えながらチキン・グリーンカレーを、担当君はマトン・キーマを注文。これが、なかなか丁寧な作りで好みの味だった。やはり希望を捨ててはいけない。

付け合わせに、なぜか焼きそばが出てきた。私のカレーがライスを食べ終わっても少し余っていたので、それに混ぜてみたらこれも相性が良かった。こうやって食べる人も意外に多いのかもしれない。

〈＊現在は「ミトミトカレー 東武練馬店」に店名変更〉

練馬区は「アニメの街」なのです

実は、練馬は区を挙げて「アニメの街」として区興しをしている。以前は「大泉サロン」という、女性版の「トキワ荘」のようなところもあったらしい。

そういえば、担当くんとカメラマンと待ち合わせした東武練馬駅の改札付近で、「おう、久しぶり」と声をかけてきたおじさんがいたが、「前にどこで会いましたか」と聞くと、「ほら、内田春菊とか、岩谷テンホーとか、タナカカツキとか、居酒屋で一緒に飲んだじゃないか」とおっしゃる。

なるほど、漫画文化の街だなあ。しかしその飲み会は四半世紀前で、私がそのおじさんを思い出すことはなかったが。

銀河鉄道９９９のラッピング車両が到着

区内には「魔法使いサリー」「マジンガーZ」「銀河鉄道９９９」「Dr. スランプ　アラレちゃん」「ドラゴンボール」「美少女戦士セーラームーン」「ワンピース」「ふたりはプリキュア」などで知られる東映アニメーションのスタジオとギャラリーがある。〈＊大泉スタジオ、アニメーションギャラリーはリニューアルのため、二〇一七年三月時点では休業中〉

　そして、アニメーションとは切っても切れない関係なのが、ニッカー絵具だ。その工場が、この地にあるというのでお邪魔してみた。

　工場の前には、近隣の皆さんの憩いの場になるようにと、デッキと呼ばれる四阿《あずまや》のような感じのスペースが設けられ、ご近所の奥様たちと思《おぼ》しきご婦人が談笑している。「日本のアニメーションのほとんどが、こちらの絵の具で制作されている」という予備知識から想像していたよりも親しみやすい雰囲気で、建物にはアニメーション的なキャラクターが描かれている。

紙１枚も通らないほどのローラーの隙間に少しずつ絵の具を通して練り上げていく

モノクロ版「鉄腕アトム」のブーツの色が生まれた秘話などをうかがいました

スタジオジブリの作品ももちろんこちらの絵の具が使われているらしく、宮崎駿さんや高畑勲監督の要望に合わせて調合された絵の具などもあるというような話を、「もののけ姫」の原画が飾られている社長室で聞かせていただいた。

古くはまだモノクロの時代、手塚治虫さんの要望で、グレーの三・五という品番が作られた。三と四の中間色で、「鉄腕アトム」のブーツの色として使うためだったとか。「ジャングル大帝」では、カラーテレビ向けに、澄み渡ったあざやかな空の色合いを表現するために、現在のアニメの空の色にも多く使われているセルリアンブルーを調合したらしい。

色合いの調合は人間の感覚で確認するしかないアナログな工程で、職人の経験とセンスが求められる。同じ材料を同じ分量混ぜたとしても、産地や、気温、湿度などの影響で同じ色合いにならないことがままあるという。また、白に使われるチタンは金属で比重が重いが、黒に使われるカーボンは軽い。混ぜてしまっても、比重によって上に出てくる色も変わってくるのだそうだ。

黒に使われる牛骨が狂牛病の影響でなぜか日本では禁止されて

しまい、相当のご苦労があったようだ。また、原料が使用禁止になってしまうと、それに代わる材料や工程を見つけていかなくてはならないという。

工場内では、印刷機のようなローラーが大量の絵の具を曲芸のように上面に保って練っている。ミキサーで攪拌《かくはん》するだけでなく、ローラーで〇・〇数ミリのダマも残さないようにする工程を、飽きずにいつまでもいつまでも見つめている私だった。

はっ、漫画といえば、私の大好きな『臨死!! 江古田ちゃん』の江古田も、練馬区ではないか!

（二〇一四年十二月）

本日のまつき道

東武練馬駅

↓

カトマンズダイニング
（現・ミトミトカレー 東武練馬店）
板橋区徳丸3-1-26　田上ビル2F-3F

↓

ニッカー絵具株式会社
北町2-32-5

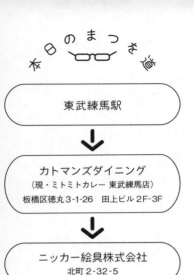

足立区

スプーンを曲げるわ折るわのオイタかな

足立区は、日本最北端の東京二十三区だ。いや、日本は付けんでよろしい。二十三区で一番北にあると素直に書けないのが私の弱点だ。

どうだろう足立区。北区というものがあるのに、さらに北にあって足立区とは、「足立」にさぞや強い必然があるとみた。だが、調べてみると、その由来には諸説あるようだ。私は「葦立ち」が転訛《てんか》したものだという説に説得力を感じる。後の時代になって「武蔵国足立郡」と呼ばれていた流れでそのまま決まったのだろう。

どちらかというと、皇居から見て南西の方角に住んでいて、その周辺を右往左往している私としては、なかなかに縁遠い場所である。足を踏み入れたのは、区内のどこかで映画かドラマのロケーション撮影があって行ったのと、北千住の丸井の中に劇場があるので、知己の役者が出演している芝居を観に行くことが一度あったていくらいだろうか。人口は六十七万人と、毎度のようにどこかの県よりも多く、近年さらに増えてきているようだ。

足立区といえば、漫才ブームの頃、ビートたけしさんがビートきよしさんに「てめえ足立区だろうこの野郎！」と、話の流れとは関係なく突然シュールに突っ込んでいたのを思い出す。きよしさんが「そりゃお前だろ」と突っ込み返していたが、北野武さんはこの地の生まれだ。そういえば、敬愛する故・天野祐吉さんも足立区の生まれだった。なかなかに批評精神を感じさせるお二人である。あとは思いつかないのだが。スマイリーキクチぐらいか。

神戸に住んでいる頃から、「足立」を認識していたのは、自動車のナンバープレートにその文字を見ていたからだろう。大学の一年生の時に、普通自動車免許を取るために西宮の兵庫県自動車学校に通っていた時、学科の教官が授業で「和泉ナンバーは気ぃつけてくだはい。初心者は近付かんように」と教えられたのだが、その時に教官が返す刀で「東京で言うたら足立ナンバーです」と、明らかに主観に基づく意見を言っていたので印象に残っている。

今から考えると、和泉の皆さんにも足立の皆さんにも失礼な話だ。陸運局の関係で、足立区でなくとも周辺の地域の車は足立ナンバーとなっているが、世田谷区の車も品川ナンバーであることと同じだ。人口が多いので世田谷ナンバーが誕生するのは喜ばしい。

ここまで書いて、一つ思い出した。自称超能力者、K氏の名刺にあった「出生地、聖地・北千住」という記述だ。

この地の寿司店主の子として生まれた彼は、七〇年代にユリ・ゲラーなどの先輩マジシャンに影響されて「超能力少年」の一人としてデビューを果たした。その後、故・景山民夫さんやつのだじろうさんらに盛り立てられ、たいそう有名になってから、数度酒席を共にした。その頃なぜか複数枚名刺をもらったのだけれど、肩書が「ちょうのうりょくしゃ」とあったので、へえ、職業なのかと感心したものだ。

余談だが、私がやるスプーン曲げは、彼と飲んでいる時にその実演を隣で見ていてやり方がわかったもので、パクリである。

北千住の駅前で担当君、カメラマン氏と待ち合わせる予定だったが、東京二十三区最北をなめていた。渋滞でどうにもならず、美味そうな蕎麦屋を移動中に検索したので、そこで待ち合わせることにした。

「竹やぶ」という店の名前、どこかで聞いたことがあるどころか、二十一年前にわざわざ三軒茶屋から千葉県柏市にある同じ名前の店まで蕎麦を手繰りに行ったのだった。ご主人に聞くと、そちらの親戚筋だそうだ。柏の店は民芸風というよりはどこか「芸術」的な雰囲気でスノッブな感もあったが、こちらは土地柄もあるのか、庶民的な気軽な雰囲気もある。

もっちりとして芳しい蕎麦がきで地酒をいただきながら、まだ明るいうちだったので、すぐさまほろ酔い加減に。温・冷、二種類の蕎麦を平らげ、名物デザートの塩プリン（すこぶる美味し！）に驚嘆して、上機嫌で千住界隈の散策に出た。

まつをの細道を行く

京成本線の千住大橋駅のガード下が、ちょっとしたシャッター通りの様相。そのシャッターの前にはこれでもかとしつこいばかりの「駐輪禁止」の意思表明。よほど厭《いや》な思いをされているのだろう。

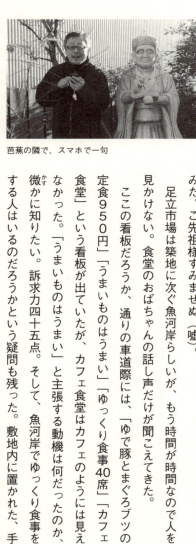

足立市場へ向かう途中、「千住宿奥の細道」と記された一角に、松尾芭蕉の石像が。ここらあたりから東北へ向けて芭蕉が俳諧の徘徊、もとい、旅に出たのだろうか。歩きながら俳句をしたためる松尾芭蕉と、歩きながらスマートフォンをいじる松尾貴史を並べてみた。ご先祖様すみませぬ（嘘）。

芭蕉の隣で、スマホで一句

足立市場は築地に次ぐ魚河岸らしいが、もう時間が時間なので人を見かけない。食堂のおばちゃんの話し声だけが聞こえてきた。

ここの看板だろうか、通りの車道際には、「ゆで豚とまぐろブツの定食９５０円」「うまいものはうまい」「ゆっくり食事40席」「カフェ食堂」という看板が出ていたが、カフェ食堂はカフェのようには見えなかった。「うまいものはうまい」と主張する動機は何だったのか、微《かす》かに知りたい。訴求力四十五点。そして、魚河岸でゆっくり食事をする人はいるのだろうかという疑問も残った。敷地内に置かれた、手作り感満載の東京タワーとスカイツリーと、ずいぶん小さな富士山と四ショットで記念撮影。

市場を離れ、下町らしい味のある提灯屋さんをのぞいたり、「◎◎教室」などの看板に難癖をつけながら歩く。

不動産屋に張り出された物件の間取り図を見ていたら、奇妙なものがあった。駅から徒歩四分の2DKなのだが、片方の部屋からもう一つの部屋へ移動する手段がわからないのだ。一度外に出て窓から入るのだろうか。入り口のない部屋は、嫌だなあ。窓から入るにしても、二階、三階だったらもっと嫌だ。

北千住裏通りの訴求力

北千住駅前には丸井があるが、そこに劇場「THEATRE 1010」が入っている。「シアターせんじゅう」または「シアターせんじゅ」と読むのだろう。確認はしていない。つまり、洒落である。「とーきゅー」を「109」とする発想に少し似ているだろうか。以前、世田谷区に「キッド・アイラック」というホールがあったが、「喜怒哀楽」のもじりだと気付くのに十秒以上かかったことがあることを思い出す。おまけにこの「1010」は、ひっくり返すと丸井の「〇ー〇ー」のロゴと同じになる。偶然なのか、わざとなのか。聖地の謎は深まる。

駅前から少し脇に逸れた裏通りには、雑然としているが妙に懐かしい昭和の雰囲気を持つ飲み屋街があるので、少し彷徨《さまよ》う。

「さんくす」という、下手なサインのようなロゴの店があった。ひさしとシャッターの書体をもう少し近付けられなかったのか、とは大きなお世話か。訴求力二十点。

「チャイナダイニング?ラーメンパーク」とは、なぜ問いかけられているのかがわからない。訴求力三十五点。

〈※二〇一六年閉店〉

「ホワイトリカーゴードーチュウハイ幸楽ボール」は、意味はわからないが酒を出す店なのだろうなあ。訴求力は十四点だ。

「年増羊」かと思ったら、一本足りない「年増¥」だった。「としまえん」と読むのだろう。訴求力四十七点。

「PUBランチェリー」はランジェリーパブとは違うのだろうか。三十二点。

「大好評!! 中川さん家の当店人気No・1ピザ」の「さん家」を消して「シェフ」に書き直している。中川さんが怒ったのか、昇格したのか。十二点。

千住宿があったことを記念しての趣のあるスペースを発見した。岩陰に、全裸の少年がその先をうかがっている銅像が建っている。隠れん坊のような体勢ではあるが、それならば着衣だろう。銭湯に入っていて、何者かに襲撃されて命からがら逃げ出してきた直後という設定か。訴求力不要。

このあたりの商店街の多くのシャッターには、よく言えば個性豊かに、悪く言えば統一感のない作風で絵が描かれている。日光街道へ向けての風景や、所縁のある花などが描かれているものが多

いいお湯、沸いています

手書きなので、微妙に違っています

いが、これを愛でる時にはシャッター街になってしまっている状態で、そうなっていないことを望むのみだ。

商店街も終わりに近付いたあたりに、「Lサイズの店　ヤマダヤふくよかサイズ」を発見。ふくよかサイズ。何という思いやり表現だろう。訴求力九十点。

とうとう荒川土手まで来てしまったので、暮れなずむ河原で嫌いな人のモノマネジェスチャーをして、どこかで一杯熱燗引っ掛け温まろうと後戻り。

うろうろしている間に、東京都公衆浴場業生活衛生同業組合が発行している『1010』という雑誌があることを思い出した。そうだ、銭湯へ行こう。

この地には「東京のキングオブ銭湯」と呼ばれる「大黒湯」という銭湯がある。偶然だが。メンテナンスが楽なのでタイル画にしている富士山が多い中、ペンキ絵の富士山が有名だ。有名なのに私は知らなかったが。少し熱めの湯に浸かってリラックスし、入り口近くにある懐かしい感じのマッサージ機にかかりながら一瞬眠りに落ちた。危ない危ない。飲む時間がなくなるところだった。

銭湯から外に出て気がついたが、趣のある入り口の脇に「わ」と大書きされた板が吊るしてある。裏には「ぬ」と書かれているようだ。つまり、営業中の表示を「わ板（沸いた）」、準備中を「ぬ板（抜いた）」と判じ物で洒落ているのだそうな。粋だね。

近所にある「大はし」という居酒屋の名店で牡蠣《かき》鍋、鮃《ひらめ》の昆布締め、赤海鼠《あかなまこ》などを肴に熱燗。

また、店員さんの無駄のない動きと目配りに感動しつつ、酩酊《めいてい》。すこぶる充実した足立区から北区、いや帰宅、洒落ている。もう駄がつくほどだ。

（二〇一五年一月）

本日のまつを道

- 千寿竹やぶ　千住河原町 7-12
- ↓
- 千住大橋駅
- ↓
- 足立市場
- ↓
- 北千住駅周辺
- ↓
- 荒川土手
- ↓
- 大黒湯　千住寿町 32-6
- ↓
- 大はし　千住 3-46

葛飾区

寅さんも
両さんも乗る
渡しかな

二十三区徘徊シリーズも残すところ、あと二区。今回は葛飾区を訪れた。

荒川の外側にあるという点では、二十三区唯一の区だ。そのこと自体にどんな意味がと問われれば、葛飾区役所に聞いてくださいと言うしかないのだが。葛飾という地名には歴史由緒があるそうで、千葉県の市川あたりと同じく下総の国だったらしい。

葛飾区は、人気漫画『こちら葛飾区亀有公園前派出所』でお馴染みである。お馴染みといっても、私には馴染みがない。『こち亀』を読んだことも、テレビのアニメーションでも見たことがなく、もちろんそれは故意にではなく、たまたまの運命のいたずらなのだけれども。だからといっては何だが、私にとっての葛飾区の印象は『男はつらいよ』の寅さんのみなのだ。

故・金正日総書記も大好きだったということの

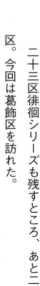

映画シリーズは、元々はフジテレビの白黒ドラマでやっていたそうだ。後年知って驚いたのだが、さくら役は長山藍子さんで、映画館に移ってから倍賞千恵子さんになったのだそうだ。

資料映像で見たことがあるが、森川信のおいちゃんがよかった。頑固な江戸っ子らしくて清潔感があってフラ（その人の持つ何ともいえないおかしみ、愛嬌のこと）があって。そうだ、学生時代に「フーテン」の意味を『広辞苑』で調べて仰《の》け反《ぞ》ったことがあったなぁ。私の好きなセリフは、「おう、相変わらず馬鹿か？」である。

監督の山田洋次さんには数回お目にかかったが、最初の時は二十年ほど前、歌舞伎座の脇の蕎麦屋でだった。目が合ったような気がして会釈目礼したら、目をそらされてしまったが、目つきの悪い青年に無作法な挨拶をされて気を害されたのか、それともご自分と違う人に挨拶したのだろうと思われたのか。あちらが先にお立ちになり、勘定というところで、奥に座っている私の席まで来られた。

「さっき挨拶をしてくださったのだと思いますが、私にではないと思って失礼なことになってごめんなさい」

巨匠なのに、わざわざこちらまで来てくださって、そういう一言を若造に言えるというのはよほどの人格者だと感じ入った次第。

寅さん顔負けの口上で、客を引き寄せるお姉さん

映画の中で寅さんが仁義を切る時に言う、「帝釈天で産湯を使い……」の帝釈天に行くのが王道だろうと、やって来てしまった。それは王道は大事だろう。柴又駅に到着後、銅像の寅さんというか渥美清さんというか、とにかくご一緒に記念撮影。

すぐ近くで土産物店の店員さんが大声を張り上げて、しきりに客を呼び止めている。

寅さん像に「あっち向いてホイ！」で勝負を挑む

そうだ、ここは観光地なのだ。ちらりと見れば、金ピカのメッキが施されたウンチの形の置物を勧めている。触るだけでも「金運」が上がると、「触れ触れ、ここを触れ」とすこぶる粘り強い。

「うんこはいやよ」と逃げようとしたら、「じゃあこっちを触ってみて！　たわしよ、たわし！　本物のたわし！」と、特産品であるらしい「たわし」の毛先を半ば強引にたわしの、いやわたしの手を摑んで触らせるのだ。つい買ってしまいそうになってしまった

おそろいの前掛けをした子供たち

ではないか。

参道に入ったあたりで、楽しそうな「おもちゃ博物館」を発見したが休館。なぜ私はいつもこうなのだろうと頭ではなく腹を抱える。空腹だ。

その下にある駄菓子屋「柴又ハイカラ横丁」でおもちゃやら昭和風のUFOキャッチャーの原型のようなゲームで遊んで、参道に売られているダルマなどを物色しつつ帝釈天へ向かう。

お参り前に腹ごしらえということで、帝釈天の参道にある老舗の川魚料理の店「川千家」で鯉の洗い、うな重の「竹」をいただく。洗いはやはり芥子《からし》酢味噌が合うなあ。上方落語の「青菜」に登場する鯉の洗いは、現在は山葵《わさび》と醤油につけて食べる描写が多いが、その昔はどうだったのだろう。

さて、帝釈天に到着。歴史を感じさせるが、大きさが程よく、粋な佇まいに感じた。おみくじの自動販売機の前で遊びに興じている少年少女は、個性的な前掛けを着用しているが、保育園か幼稚園の方針なのだろうか。

古びた名刹の質感は良いものだなあと脇を入れれば、いきなり近代的なデザインの壁面とガラスが現れて、面喰らってしまった。

「矢切の私」と思っていませんでしたか

少し歩くと江戸川がある。土手に来るとついつい、吉例なので大嫌いな金八の物真似をここでもやってしまい後悔。

広い場所に出ていきなり情緒が不安定になった私は、なぜか突然踊りたくなった。しかし、少々腰も痛かったので控えめに河川敷ダンス。

「公園利用時のお願い」には、夏ごろ貼り足されたのであろう「蚊にさされないように注意しましょう」の注意書きが。なるほど、ロケーション撮影をする時は許可を取らなければいけないのか。それほどよく使われる場所だということなのだろうな。

個性的なペインティング

簡易トイレが公衆トイレ代わりに置いてあったが、これは公的なものなのか、それとも個人が商売のために置いているのか。大変に個性的な塗装というかペンキ絵が施されている。

近くにあった四角柱の道標、今とは感覚が違うのだろう、進行方向に従って見えるところに地名が書かれているのではなく、その面が向いている方向の地名が記されている。帝釈天側から見れば、「柴又」と書いてあって、その裏側、川岸に向いている面に「矢切」と書いてある。ここはかの有名な「矢切の渡し」だったのだ。

案内板に画《が》鋲《びょう》が穴ポコチーズのように付けられているが、大人は二百円で渡してもらえるらしい。そして、またしてもこの日は「休航」だった。

仕方がないので、演歌「矢切の渡し」をひどいこぶし回しで歌いながら、山本亭の日本庭園をショートカットしつつ、この地を離れ、いよいよ二十三区最後となる江戸川区に突入するのだった。

（二〇一五年三月）

「矢切」側から見た道標

本日のまつを道

柴又駅

↓

柴又ハイカラ横丁
柴又 7-3-12

↓

川千家
柴又 7-6-16

↓

帝釈天題経寺
柴又 7-10-3

↓

江戸川土手（矢切の渡し）

↓

山本亭
柴又 7-19-32

江戸川区

1を聞き
0を編み出す
インド人

随分と長い間、東京二十三区を徘徊、物色してきたが、最後の区である江戸川区にやって来た。

ここは東京都の最東端にある区だ。最東端といっても気にはしない。そこからさらに川を渡った先には、千葉県であるにもかかわらず東京ディズニーリゾートが広大な面積を占めているし、さらにそのずっとずっと先にある空港は、千葉県なのに新東京国際空港と呼ばれていたのだ。小学生のようなことを言うようだが、大阪国際空港が兵庫県伊丹市にあるようなものだし、丸亀市にはうどんチェーン店の丸亀製麺がないのだから気にはしない。

江戸川区といえば公園だ。区民一人当たりの公園面積は二十三区内で一位だそうだ。

各区が公園面積などを競っていたということを知らなかった。そこに大いに役立っているで

この満面の笑み！　100均パトロール中

あろう葛西臨海公園と葛西臨海水族園に行くのが王道だが、そこに行ってしまってはただの水族館リポートになってしまって、邪道路線の独特の緩さが消えてしまう。

葛飾の帝釈天はどうなのだと言うか。そう、ご都合主義のダブルスタンダードをお許しください。あそこには、美味い鰻があったのです。

さて、どこへ行こうかと悩みつつ、西葛西へやってきた。この「西葛西」駅は東京メトロなので地下鉄なのだが、珍しく駅ビルがある。もちろん、駅が地上だからだが。いつもながらモールの中にある百円均一ショップを複数軒パトロール。

駅前の銅像にタイトルが付けられていて、「躍」らしい。確かに躍《おど》っている。こういう彫刻では珍しく、裸婦ではなくレオタードを

レオタード姿なのです

駅前の銅像とツーショット

着ていることになっている。「公的なところに作るのなら裸像はやめて！」という運動があったので、苦肉の策であったことをうかがわせる。想像だが。

駅の近くには、なぜか学校が多い。「東京フィルムセンター映画・俳優専門学校」「東京コミュニケーションアート専門学校」「コナミスポーツテニススクール」「東京スクールオブミュージック&ダンス専門学校」「東京ベルエポック製菓調理専門学校」「東京スポーツ・レクリエーション専門学校」「葛西橋自動車教習所」「東京メディカル・スポーツ専門学校」など、どういうわけか扱っているが、他の区でもこうなのだろうか。

ビルの階段にひっそりと掲げられた看板を見つけ、各国の絵本が読める図書館にも立ち寄ってみた。近くの小さな子供たちや親子連れで賑わっているようで、ヒンディー語の絵本などもあるという。そうだ、近所にはインド人が多いのだ。

「インド人街」としての顔

西葛西は近年、在日インド人が多く住むようになった地域だ。世界に十二億人はいようかというインド人のうち、日本に住んでいる人たちは二万八千人ほどだそうだが、ナンとライスはどちらにしますか、いや、ナンとそのうち一割が江戸川区に住んでいるという。

なぜだろう。実は、とくにインド人が多く働く東京都心部、とくに飲食店が多い地域やIT関連の会社が多い場所とのアクセスが良く、住居の条件が良い（国籍を問わず、礼金のないUR賃貸住宅が多い）などの理由もあるだろう。

ちらほらとサリー姿の方が

しかし、我々の見解は違う。荒川のゆったりとした流れが、ガンジス川を想起させるから。よし、その説が素敵なのでそうであることにしよう。採用。

インド人街とはいうが、あまりインド風の装飾や建物などは際立っていない。長く定住するよりは、数年間仕事で住む人の割合が多いからだろう。

この街でインド料理店を営んでいる、在日インド人たちの精神的支柱とも言うべきジャグモハン・S・チャンドラニさんを慕い、どんどん人が集まってきたそうだ。一九九〇年頃までは六十人ほどしかいなかったのに、今では二千人ほど、ナンと三十倍以上になってしまった。数年間住むなら、相談に乗ってくれるチャンドラニさんのところへ行け、ということになっているのかもしれない。

〈＊現在はさらに増え、三千人を超えているそうです〉

数年前、このチャンドラニさんのお店「スパイスマジック カルカッタ」にうかがった折、とても親切に解説してくださったので、そちらのお店へ行こうとしたが、本店が休憩時間中のようだったので、まだ行ったことのない駅の南側の店舗へ行ってみた。

本店へうかがうと、おお、準備中！

本店から支店へ歩いて向かう途中、やはりインドの方とすれ違った。「こんにちは」と声をかけると、「マタ、お会いしましたね！」と気安く声をかけてくれる。私がうろうろしているのをなぜ知っているのだろうか。

随分と通り過ぎてから時間差で気がついた。数年前にあった店主のチャンドラニさんではないか！ ナンという気づきの瞬発力のなさ！ 「いまから支店へうかがいます!」と言えばよかった。

はたして、支店に到着した私たちは愕然とするのである。こちらも「準備中」……。

一ナン去ってまた一ナン。ゼロはインドの大発明。そうか、ひょっとすると先ほどまで、チャンドラニさんはここにいたのではないか!

というわけで、後の祭りということになった。二十三区最後の現場は「準備中」という、まさにこの欄を象徴するような体たらくで、二十三区を回り終えたのである。万歳。(二〇一五年四月)

本日のまつを道

西葛西駅

↓

地下鉄ガード下の商店街

↓

スパイスマジック カルカッタ 本店
西葛西 3-13-3

↓

スパイスマジック カルカッタ 南口店
西葛西 6-24-5 第2コースタルビル 2F

武蔵野市

見たことも聞いたこともなし

イノヘッド

今回からは、二十三区以外の地域も見て回ろうという趣向である。ということで、最初は景気付けに武蔵野市から攻めようということになった。いや、攻めるつもりも責めるつもりもないのだが。

ある不動産業者の調査によれば、関東で一番住みたいと思われている街が武蔵野市の吉祥寺なのだそうだ〈＊調査は二〇一五年当時〉。たしかに暮らしやすいし、交通の便もすこぶるいい。電車は東京駅、新宿駅、渋谷駅などに一本で行けるし、羽田や台場にはバスがある。飲食関連も、チェーン店、個人店、さまざまな層が厚く、デパートもライブハウスも劇場もある。そして公園の充実は、東京に住むに当たっては重要課題だろう。

長い間、前進座劇場が大きな存在だっただろう。吉祥寺シアターも十年ほど気張っている様子だ。マンダラというライブハウスにも何度か行ったことがある。このあたりは、ミュージシャンや役者が多く住んでいるが、そういったサブカルチャーの拠点があったことも大きい魅力なのではないか。

この「吉祥寺」という地名は、きっと吉祥寺という寺があるからだろうと短絡的に考えていたが、実はそうではなかった。現状の文京区、水道橋駅付近にあった吉祥寺の門前町が明暦の大火によって焼失した際、幕府は「渡りに船」と都市計画で大名屋敷にしてしまい、居場所を追われた住人をこの武蔵野東部の地に移住させたのだが、人々がその地を愛着のある「吉祥寺」の名で呼んだことから、この地名になったそうだ。

吉祥寺のお寺自体はその後、文京区本駒込に移り、現存しているという。たまに私がやる落語の「くしゃみ講釈」にも、火事を起こした八百屋お七の色男として「駒込吉祥寺小姓の吉左」という人物名が出てくるが、そこが舞台だったのだ。今から本当の寺の分院を誘致すれば、いい観光資源になるような気がするが、これ以上人気が出る必要はないだろうなあ。

まだまだ尖っていたあの頃

もう十数年前になるだろうか。畏友《いゆう》である先輩俳優がこの近くに家を建てた時、私がある情報番組のコメンテーターとして出ている日に、その話題が取り上げられた。その人の出世作となった役名を使って、「◎◎御殿」という呼称で大仰に伝え始めた。他に伝えなければならないであろう視聴者に有益な出来事や事柄があるだろうに、俳優が個人的に家を建てたなどということを、なぜ大幅な時間を割いて放送しているのだろうと、私は白けながら映像を見ていた。

VTRの中で女性リポーターが、商店街の中で「◎◎御殿はどこでしょう」と店員に聞いて歩いている。すこぶる阿呆な絵面だ。ようやく見つけたリポーターが呼び鈴を押したら、フランクな人柄で有名な畏友は、寝癖そのままでのこのこ出てきて、愚問インタビューに誠実に答えていた。

スタジオに下りてきて感想を求められたので、「こんな馬鹿なリポートは見たことがありません。まず、小さな女の子がいる人の自宅を、番組さえ見ていれば探し出せるような表現にしてしまっているのがまるでおかしい。何か事件でもあったら責任を取れるのですか！」とやや荒らげた口調になってしまったが、さらに付け加えた。

「寝癖のまま出てきた彼は、朝日が眩《まぶ》しそうに応えていましたよね？　路面も濡れていない。どう見ても、それよりも後の時間帯に探す場面を撮りませんでしたか？　雨で路面が濡れていましたよね。呼び鈴を押したら運良く出てきて応対してくれちゃったものだから、その前振りを後で撮って、冒頭にくっつけましたね。見ている人を馬鹿にしすぎじゃないですか？」

番組の生放送が終わった途端に、面白いほどプロデューサーが怒っていたのが印象的だった。もちろん、その日で番組は降ろしてもらったが、それ以来、その局のレギュラーがないのは、きっと影響しているのだろうなあ。現在の柔和な私からは考えられない出来事だ。

話がすこぶる長くなったが、つまり、私にとって吉祥寺はそういう思い出のある街なのであり、やはり「素敵な」ところなのだ。

きっとその番組で取材に当たったスタッフも、そんな場所に家を建てて住めることに羨望《せんぼう》を感じていたのだろうなあ。今なら呆れるだけで、何も怒りはしません。たぶん。

人気のハモニカ横丁から街ぶらスタート

まずは駅前で待ち合わせをしたので、有名なハモニカ横丁へ。

終戦直後に、焼け出された人々がこの商店街に集まってハモニカを吹きつつ慰めあったことからこの名称が定着した、というのは冗談。評論家の亀井勝一郎が、商店が並ぶ様をハモニカの吹き口に見立てて名付けたとか。どの視点でみればそう見えたのかは確認できなかったが、いい名前だ。カウンターだけの狭小店舗のカレー店を目指すも、満席で断念。

ダイヤ街付近をうろうろ。ここはダイヤのように見えたのだろうか。

ダイヤ街の古い有名店「くぐつ草」で、名物のカレーをいただく。手間暇かけて炒めた玉ねぎの甘みとスパイスの香りが心地よい。初めて食べたが、懐かしさを感じるカレーだった。

すこぶる美しい店員さんに「くぐつ草」とはどんな草なのかを尋ねると、そんな草はないらしい。劇団員であるオーナーが、あやつり人形を意味する「傀儡《くぐつ》」から取ったらしい。騙された。いや、騙す気などないだろうけれど。

近所を歩いていると、「ムーミンスタンド」を発見。そういえば、原作者のトーベ・ヤンソンの生誕百年で最近盛り上がっていたなあ。「ニョロニョロのたね」というタピオカ入りのドリンクを飲みたいとほのかに思ったが、行動に出なかった。そのすぐ横に、「ムーの子孫」というもんじゃ焼き屋があり、期間限定で「ムー民」にすればいいのになあと勝手なお節介。〈＊「ムーの子孫」吉祥寺店は閉店〉

読みは「いのかしら」です

井の頭恩賜公園は、二〇一七年で開園百年を迎える名園だ。やはり百年は値打ちがある。

「いのがしら」と読む人が多いのには驚くが、きっと「猪《い》頭《がしら》」のイメージなのだろう。皆さん、「いのかしら公園」「いのかしら線」と呼びましょう。

とにかくここでボートに乗るとカップルは別れる、という阿呆な都市伝説がある。しかしこういう迷信は全国どこにでもある。最初のデートで行くようなところに、固い絆で結

スワンボートを見つけ、「あれ乗るー！」と駄々をこねております

ばれたカップルが来ている率が低いのは当たり前ではないか、などと憎まれ口を叩きながらスワンボートに乗り込んで、絶妙の舵捌《かじさば》きで自己満足もひとしお。

明るいうちからちょいと一杯のつもりで、ならば有名な「いせや」に行ってやろうと公園の近くの店舗に立ち寄るも「本日定休」。私はなぜかこのパターンが多い。実は予習や下調べが大嫌いということが、こういう結果を招くのだろう。

ところがどっこい、執念はあるので、近所にあるもう一つの店舗に行って二階に上がり込んで、つまりは目的は達成させたのである。もちろん、何が美味いとか、何が名物とか、そんなことより、この場所で一杯引っ掛けるということが大切なのだ。

大切？　なんだそれ。

（二〇一五年五月）

町田市

幾星霜
プリンシプルの無い日本

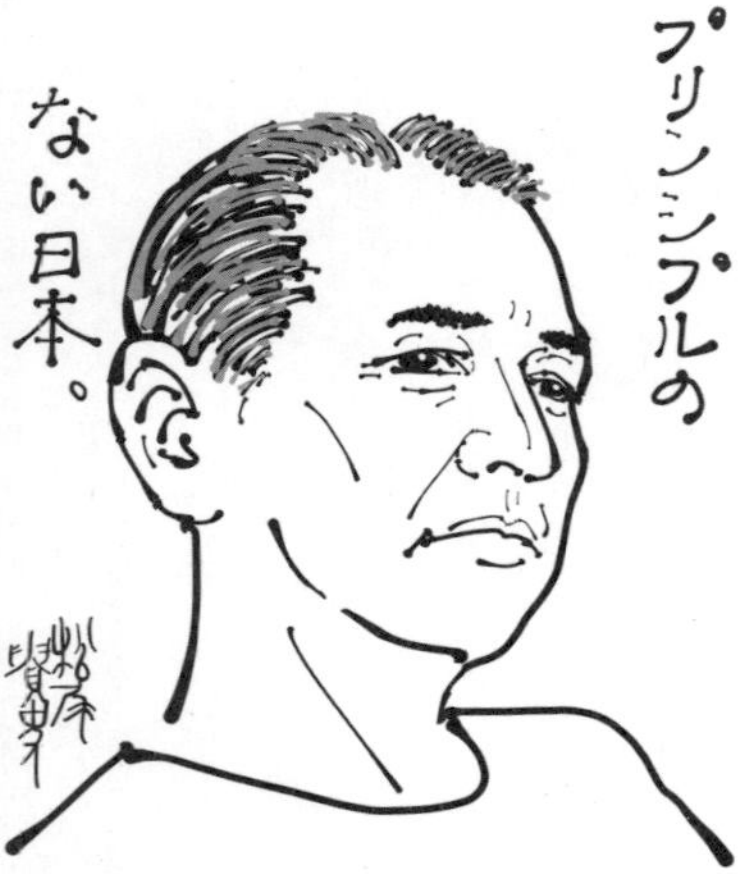

私が初めてラジオ番組のレギュラー出演の仕事をもらったのが今から三十一年前（一九八四年）のことで、有楽町のラジオ局で月曜日から金曜日、毎日二十一時から一時間の生放送を一人だけで喋るという、成立のプロセスが乱暴というか、おっちょこちょいな番組だった。何処《どこ》の馬の骨だかわからない私のような者に、公の前で喋らせていいものだと考えていてのことだろうか。野球のシーズンではない時期のいわゆる「ナイターオフ」のプログラムで、つまり十月から三月までの半年間のお勤めだった。

　昼間にすることがないので、ある日、知人から誘われるままに向かったのが町田だった。その頃は今よりもずっと地味な印象だったのだが、もう記憶の賞味期限が切れていて、何も覚えていない。いや、思い出したいと思うきっかけが、たまたまなかったのだろう。

新宿から小田急線で向かうと、多摩川を越えたところでいったん神奈川県に入り、また東京都になり、また神奈川県になって、そして東京都の、町田なのだ。さらに先へ行くとすぐにまた神奈川県に入る。境界線がジグザグで、東京都が東西に長く、その方向に沿って小田急線が走っているからなのだろうけれども、なかなか感覚がつかみにくいものだ。

ＪＲと小田急の二社を合算した町田駅の一日平均乗降人員は、約五十万人と言われている。これは多摩地域の鉄道路線全駅で最も多いそうだ。その二社の駅がＬ字に配置されていて、小田急線で分けると、寂しいほうと賑やかなほうがある。

境川近くのラブホにあった「真実の口」的なオブジェの前で

まずは寂しいほうから攻めようと、駅の南側（たぶん）へ抜けてみた。小川（表示板の塗料が剥げていて、「何トカがわ」だということはわかるのだが読めない。「さかいがわ」かもしれないが断定はしない）にかかる橋の欄干にあった飲料の缶を置いたのは私ではない。そこで、賞味期限切れだが試しにプルトップの蓋を開けたら、以外と新鮮な香りが噴き出してきたかのように、一つの記憶が蘇った。

それは、「シティⅡ」というラブホテルの名前である。ファッションホテルといったほうがいいのかもしれないが、その当時にそんな言葉はなかったはずなので、あえてそう呼ばせていただく。その日のラジオの生放送で、「シティ」の話をしたのを覚えているのだ。さすがは町田、「町」だから「シティ」なのだなあ、というフリートークに使ったのだった。

これで、私の町田の思い出は出尽くしてしまった。すみません。

カツカレーの名店でさらりとしたソースを堪能

さあ、それでは気分を変えて、駅前の繁華な側に回り込んで彷徨《うろつ》いてみた。いきなり、ビルの壁に「FP」の大きな落書きが。地上三メートルほどのところで、明らかに自動販売機の上に乗って書き散らかしている。すこぶる下手くそで、「早く描いちゃわないと誰か来るかも！」と想像させる粗い仕事ぶりだ。きっと犯人は私と同じ小心者なのだろう。

不動産屋の店先に置かれていた青い象などと戯れながら、やって来たのは町田仲見世商店街。関東大震災後のどさくさで古物商が集まり、その元が形成されたという。

実はここに、知る人ぞ知るカツカレーの名店「アサノ」があるのだ。まだ開店十分前だが、もうすでにカップルが一組待っている。店内はカウンター七席ほどなので、こちらは四人。すでに並ばないと一巡目が危ないことになるので、待たせていただくことにした。

果たして、入店するやご主人から「よく来てくれましたね、嬉しいよ」と歓迎のお言葉。気さく

いろんな種類のお店がわちゃっと並んでいます

「耳が大きいからアフリカ象」であると力説

なお人柄のようだ。「下北沢の『。般若（パンニャ）』何度か行きましたよ。カツカレーのタイプはうちのカレーに近いね。美味かった！　今年リニューアルしたんでしょう？　それからはまだ行ってないんだけど」と嬉しいお言葉。

いやあ、それにしても詳しくご存知で、やはりカレーを愛する人々は繋《つな》がっているのだなあ。余談だが、カツカレーでカレーソースがサラサラしているところは確かに少数派で、うちも「アサノ」さんもそこに入る。ご主人のご兄弟は十数回来てくださっているとか。ありがとうございます。

「好きなスパイスとかあったら多めにしときますよ」と言ってくださり、カルダモンをお願いしたら、「良いよねえ！　あたしもカルダモンは大好きだなあ！」と、お好みも合致したようで嬉しく、サインをとおっしゃっていただいたので、図々しく自分の名前の横に「。般若」の文字も入れてしまった。

記念写真を撮って、後に待っておられるお客様もいらっしゃるので長居は無用、腹ごなしに歩き始めた。このあたりはエスニックな感じの店が多く、そのあたりが「近郊の町」という感じがしないところだ

駅周辺には独創的なオブジェが点在

ろうか。同じ商店街の中には、靴の修理屋さんと鮮魚店が並んでいて、その共存の組み合わせが妙に面白かった。

ガチャガチャで岡本太郎画伯のフィギュアを手に入れ、満足げに街角のアートと戯れつつ歩いていると、柵と金網で仕切られた「関係者以外立ち入り禁止」の場所があった。ところが、反対側は階段で上ってこられるようになっていて、そちら側は一般道路から普通に来ることができる。これは、誰に対して「禁止」しているものなのだろうか。

さて、町田天満宮へやって来た。さすがは人口の多い町、いろいろと寄進する人も多いのだろう。牛の石像や狛犬、灯籠《とうろう》などがズラリと並んでいて、広大ではないが「力を持っておるぞ」と主張されているかのような雰囲気だ。ともあれ参拝を。

菅原道真公を祀っているから当然だが、学業にまつわる祈願をする人が多いようで、絵馬を見ているとうなずけるものもあるのだが、「デート・ア・ライブ　映画化おめでとう!!」というものを見つけたが、これはただの伝言板のような使われ方をしているようだ。他にもいろいろと「ほほ絵馬しい」ものあり。

仏具店でカレーライスの形のろうそくを購入。その向かいあたりの肉屋さんに、「高座豚《こうざぶた》」のブランドを発見。これは「アサノ」のカツに使われている肉ではなかったか。いや、さすがだ。そのまた斜向《はすむか》いあたりには、「ラーメン50杯食べると！　一ヶ月間お好きなラーメン無料」という店を発見、いろいろなシミュレーションをしたが、私には向かないことがわかり、チャレンジはしなかった。

「無愛想」ならぬ「武相荘」で、白洲夫妻の格好よさにしびれる

ロマンスカーに踏切の遮断機から「日本一！　待ってました！」などと声をかけてはしゃぎ、楽しみにしていたビアガーデン。雨でどうにも開店できないようで、しょんぼりとしながら、やや足を伸ばして、小田急小田原線鶴川駅北口下車、徒歩約十五分の「無愛想」ならぬ「武相荘」へやってきた。

ここはご存知の通り、白洲次郎・正子夫妻の家だ。先の大戦中、敗戦の数年前から、戦況の悪化で空襲や食糧難を予測して農地の付いた郊外の家を探し、一九四二（昭和十七）年十月、この地の農家を購入して、終《つい》の住処《すみか》としたのだ。

敗戦後、吉田茂の要請で終戦連絡事務局の参与、一九四六年には次長に就任して、ＧＨＱとの交渉や日本国憲法制定、当時の通商産業省設立に尽力した。このあたりは本やドラマで知っている人も多いだろう。しかし、素晴らしいのはそのダンディズムとスタイリッシュさをこの日本で通し

庭の緑も雨にぬれてしっとりと

切ったというところだろうか。

夫人の正子が小林秀雄らとの交流を通じて骨董・随筆家として活躍していたのは、私たちにもリアルタイムの記憶の欠片《かけら》が残っているが、夫妻ともに亡くなるまでここで過ごした。そこを改修し、二〇〇一年十月より記念館として一般公開している。

萱葺《かやぶ》き屋根の母屋・納屋など、ほぼ全域が公開されていて、なんと言えばいいのだろう、そう、施設全体に自信がみなぎっているのだ。つまり、はったりや権威付けのような体裁がない、本寸法の「そのままお見せします」感がある。書斎や居間、家具、愛用品（私の行きつけの京都祇園の店の団扇《うちわ》もあった）、写真や素晴らしく簡潔な遺言状まで展示されている。「和洋折衷」という言葉のニュアンスではない、「和洋の掛け算」的世界観がとにかく魅力的だ。

ここの名が「武蔵」と「相模」を融合させたものであるのに、私はただ「無愛想」の駄洒落だと思っていたことは内密にしていただきたい。

重ねて、実は今回、いつも通り無計画に行ってしまったので、写真撮影などでご無理を言ってしまった。次郎と正子の孫にあたる白洲信哉氏が実は飲み友達だったので、「今から行っても撮影できますかあ?」などと寝ぼけた電話をかけてしまったことも、ここだけの話にしていただきたい。

そして、祇園の店に置かれていた信哉氏の「プリンシプル」というウイスキーのボトルを、私が飲み切ってしまったことがあるのも特定秘密で保護していただきたい。

（二〇一五年七月）

本日のまつお道

町田駅南側　境川付近

↓

町田仲見世商店街

↓

リッチなカレーの店 アサノ
原町田 4-5-19 仲見世商店街内

↓

町田天満宮
原町田 1-21-5

↓

町田駅周辺

↓

旧白洲邸 武相荘
能ケ谷 7-3-2

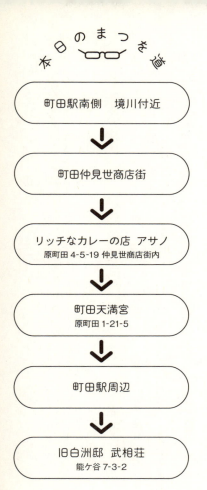

八王子市

雨模様
牛に牽かれて
末広がり

八王子という地名で、亡くなった作家の景山民夫さんを思い出す。

立川談志師匠が創設した落語立川流の有名人弟子として景山さんが入門して、自分の好きな芸名を付けさせてもらえるという制度から、「立川八王子」と付けたのだった。関東に住んでいる人以外には全くピンとこない遊びだが、中央高速道路のインターチェンジ「立川・八王子」の看板から思いついた、ただのシャレだった。

出だしにこういうことが書かれている時は、つまり私と当地の縁が薄いということを表している。あかんがな。

そこで、政令指定都市を除く全国の市の中で第三位の人口を誇る（当時）この八王子市を、なるべく網羅しているように見せかけるべく、取材に繰り出した。

「八」に並々ならぬこだわりをみせる駅前

駅前には、レインボーカラーで「八」がデザインされた、ややアンバランスさを感じる大きなモニュメントのようなものがどっかりと据えられている。そばにはどでかい銀色の球体が八個、まるでロズウェル事件の現場のようにランダムに置かれている。きっとこれも「八」の「王子」を表しているのだろう。八王子の皆さんは、このオブジェ群の意味を意識されているのだろうか。

駅のコンコースの天井も「八」の字に組まれていて、そこに並列に取り付けられている蛍光灯も、それぞれが「八」を表しているのだろう。本当に、そんなに八を並べて「ああ、八王子だねえ」と意識してもらうには、やや印象は薄いような気もするのだが。

レインボーな垂れ幕も「八」の字？

街のあちらこちらに「太陽の街八王子」と書いてある。ここだけ都内で一番日照時間が長いのだろうか。確かに暑かったが、この日の天気はすぐれず「太陽の街」を実感できないなあ、と思ったら、「太陽おどり～新八王子音頭」の歌詞だそうな。八王子出身のアーティストであるFUNKY MONKEY BABYSもカバーしているそうで、当地の若者には浸透しているらしい。

メイちゃんとの散歩デート

この八王子市は広さもあって、中核的な都市であるにもかかわらず、市内に牛を放牧している牧場がある。牛舎のベッドは、ワラにコーヒー皮やカカオ殻を混ぜて近隣の住民への配慮を重視しているので、なるほど、それほどのにおいはない。

ここは「磯沼ミルクファーム」という、八王子の駅から車で十分ほどのところにある街の牧場である。広さはなんと、私の自宅の二百五十倍である。私の自宅が何坪かわからないのに、なぜたとえるか。

せっかく酪農の現場に来たのだから、ここは乳搾りの作業を体験しないでどうするか、という貧乏性から頼んではみたが、他の見学者、つまり小学生たちが長蛇の列なので、少し時間をつぶしていたら、さらに多くの子供たちが到着し、どんどんずれ込んでしまう私だったが、ようやく乳搾り体験ができた。「アルプスの少女ハイジ」に出てくるペーターのように、ヤギの乳首から直接大きく開けた口に飛ばして飲む「ペーター飲み」にもチャレンジしたかったのだが、小心者の私は言い出すことができなかった。

メイちゃんとのランデブーを激写

小学生たちを引率している先生が、「もおおおおおう」と声色を使って牛の真似をするので、物真似なら負けないぞと私も「んむおおおおおおおおおう〜」と高らかに謳いあげれば、子供たちは無反応で、先生だけが驚いてこちらを見るのだった。

雨も小降りになってきたので、子牛のモウちゃんではなくメイちゃんと散歩デートを楽しむことになった。なかなかの力強さで手綱を引っ張られるので、ニコニコしているようだが、手には力が入っている。しかし、なぜか疲れは取れて、なかなかに清々しい体験だった。

〈＊毎週日曜日には、乳搾り体験が行われている（要予約）〉

ロマンを求めてアミダくじ

街中を少し探索。途中でネットを見ると、すでに私がメイちゃんとランデブーしている動画がアップされていた。恐るべし磯沼ミルクファーム。

そんなことを呟《つぶや》いていると、よくわからない「八王子ロマン地下」という看板が。どんなロマンがあるのだろう。にっかつロマンポルノの劇場だろうか。ロマンチカではなくロマン地下なので、鶴岡雅義はいないだろう。

力強くエスカレーターを降りたら、壁に大きなアミダくじがあったので試してみれば、私はやはりカレー店を引き当ててしまうのだった。そう、ここは飲食店街なのだ。地下に設営された、昭和ロマン漂う飲食店街。平日のランチタイムにもかかわらず、シャッターが閉まっていて、営業している店が一つしかないのも演出なのだろうか。シャッターも何もなく、店がそのままむき出しで無人の店舗もある。セキュリティはどうなっているのだろうか。他人事ながら、すこぶる心配なのである。

〈＊現在は閉業〉

長居は無用、とっとと地上に上がり散策。意外と沖縄居酒屋のような店が多いことがわかったが、理由は判然としない。「Yu's Bar」という、どこからどう見ても石原裕次郎さんのファンだろう人のバーを発見。麻布十番にも京都にも小樽にも「裕次郎が愛した店」というのはあるけれど、ここはどうなのだろう。ただファンというだけなのか。二階がバー、三階が裕次郎ギャラリー。ここまでやるのなら許可は取っているのだろうなあ。「秘蔵ＤＶＤ有り・カラオケ完備」だそうだ。秘蔵映像を持っているということは関係者なのだろうか。そして、カラオケは二階のバーなのか、それともギャラリーで歌うのか。歌うのは店主か、客か、ゆうたろうか。

歯医者だけが三軒入居しているビルがある。ここは二階がいちかわ小児歯科と関根歯科、三階が市川矯正歯科で役割分担ができているようだ。市川先生どうしは家族だろうか。そして関根さんとの関係は。

ちょっと微妙なアミダくじ

さて、科学に親しもうということで「コニカミノルタ サイエンスドーム（八王子市こども科学館）」という博物館へ。まあ遊んだ遊んだ。それはみんなが酷使するので不具合もありましょうが、これは素敵で面白い。童心に帰ってノリノリで遊んで、ここが一番無心に楽しんだかもしれない。とにかく汗だくで、なるほど「見て、触れて、創る、参加体験型科学館」を楽しんだ。

光、電気などの物理現象を観察、実験できる。私が一番ムキになったのは、白い玉が転がって作用が起きる「ピタゴラスイッチ」的装置で、私ゃ子供かというほど無心に遊んでしまった。

〈※二〇一七年三月現在は改修中。七月下旬にリニューアルオープン〉

国内最高峰を誇る解像度の、直径二十一メートルのプラネタリウムもあるらしいが、次の機会に。機会はあるのか。

（二〇一五年八月）

本日のまつを道

八王子駅

↓

磯沼ミルクファーム
小比企町 1625

↓

八王子ロマン地下（閉業）

↓

コニカミノルタ サイエンスドーム
大横町 9-13

川崎市

セメントをコンクリと呼ぶ粗忽者

うちの父は九人兄弟で、彼が島根県から神戸へ家出してきてから、兄弟がバラバラになっているのを自分の生活が安定した後に探し歩き、広島、尼崎、名古屋、横須賀と次々と居所を突き止めたのだという。そのうちの一人が川崎市にいて、私は神戸に住んでいる頃から、その地名に馴染みはあった。

しかし、自分が東京で暮らすようになるまで実際に川崎へ行ったことはなく、子供の頃、川崎とはどんなところかを父に聞いた時、「アマ（尼崎）みたいなとこや」とだけ聞かされた私は、勝手に「ホルモン焼きの街だ」とイメージしてしまっていた。そして、尼崎市自体、ホルモン焼きの街ではない。

十四歳の時に神戸から隣の西宮に引っ越して、今でも実家がある。その西宮から、武庫川を越えたところに尼崎市はあるのだが、今住んでいる世田谷区から多摩川を越えたところにある川崎市は、個人的な話ではあるけれど、私の中では「尼崎のようなところ」なのだ。加えて、私がなぜ世田谷に住んでいるかといえば、何となく西宮に似ているから、というのが最大の理由なのだ。これは私の中では完結していて、実に隙がない。客観的には穴だらけだろうけれども。

忘れていたが、川崎市は政令指定都市である。この日本においては都道府県庁所在地以外で最大の人口で、唯一百万人を超えている（約百四十七万人、二〇一五年時点）。そして、政令指定都市の中で面積は最小だ。ＪＲ、小田急、京王、東急、京急など、鉄道などの交通網も充実している大都会、利便性から東京都心のベッドタウンとしての機能を果たしている。

一日の平均乗車人員二十万人（二〇一四年度。ＪＲ東日本では、秋葉原駅に次いで十位だとか）の川崎駅に接している商業施設「ラゾーナ」の二階の天井に、バランスの悪いレイアウトで「ここは2階です」と大書きされているのだが、これは美観を損ねるなあというのは私の主観だけれど、この空間をデザインした人は忌々しいと思っているのではないか。

コンクリートは見つからない

仲見世通りという飲食店街の入り口に門があり、その上に瓶から直接ラッパ飲みをしているおっさんの像が乗っかっている。酒飲みを表しているのだろうけれど、いいのか。そして、彼は迎えてくれているのか。それともこういう人を迎えたいというメッセージなのか。入りはしなかったが、趣向を凝らした居酒屋の看板の前でふざけて、露天商などの雰囲気でアジアを感じ、複合商業施設「ラ チッタデッラ」あたりまでぶらぶらと。イタリアの街並みを再現したそうだが、なぜなのかは不明。明るいところで見ると、どこかのテーマパークの一部のように見えなくもない。

コリアンタウンがあるというので、ぶらぶらそぞろ歩きながら目指すのだが、担当のT君、どうも道に迷ったらしい。「コンクリート通り、コンクリート通り」と呟《つぶや》くので、私もそれを探していたのだけれど、発見した通りには「セメント通り」の文字が……。一応入り口にはコリアンタウンの門があるのだけれど、つや消しで青とグレーを混ぜたような中間色で、見過ごすところだった。あまり盛り上がってはいない様子、また機会があれば夜にでも、と可能性の低いことを言いつつ、また近隣をうろつくことにした。

「おはいり」という文字についつられて入りかけたが、我に返った。ここは住居なのか店なのか。いや店だろうけれど、そういう

そう言われましても……

セメント通り、でした

いい飲みっぷりです

意思表示が乏しく、すこぶる入りづらい。きっと地元の人の社交場になっているのだろう。……のだろうなぁ。

広い通り沿いに、「時計屋さんのお米ハウス」を発見。時計電池交換と米、手作りおにぎりが売りのようだが、この組み合わせの必然は何だったのだろうか。ひょっとすると、時計屋の跡取りが米屋に入り婿になって、実家の時計店が閉店してしまったので場所をとらない形で時計屋を存続、などと妄想は広がる。

鉄道模型を買い取ったり預かったりしてくれるという質屋を発見。防犯ポスターの「息子はサギ!?」の文字に意味なくハッとさせられる。

コーヒー&ランチ「スリーライク」はおそらく店主の名前が三好さんだろう。

「川崎といえば、川崎大師だ」と言って聞かないT君に引っ張られて行ってみたが、大師仲見世のだるまの数に情緒が不安定になった。呆《ぼ》け封じの飴が売られているのは何故なのだろう。ここの大師さんは呆け除けのご利益があるのだろうか。漫才師は絶対に来てはならない。多分。

園内は顔ハメの宝庫

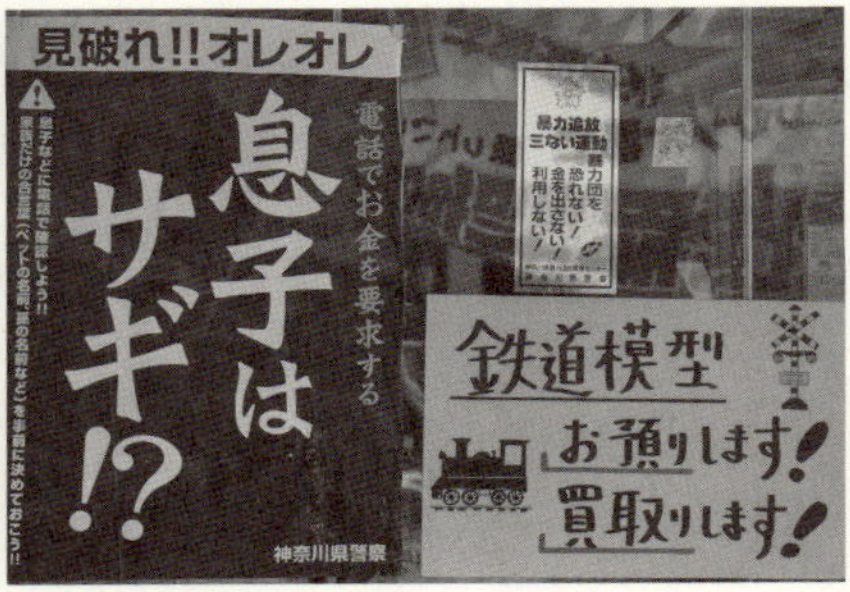

存在感あふれる防犯ポスター

幸区に「夢見ケ崎動物公園」という聞きなれないスポットがあるという。「幸い」に「夢見」という現実逃避は大好きなので、ちょっと足を伸ばして行ってみた。敷地の入り口にゲートがあり、「ようこそ　夢見ケ崎動物公園」とあるが、裏へ回ってみると「またね」と見送ってくれるものの、表との掃除の落差はご愛嬌。動物園内に「タケノコ掘り禁止」と注意書きが。つまり、この表示は「採れるぞお」ということを宣伝してしまっているので、タケノコ好きに親切でもある。

入場無料で、空《す》いているのになぜかいろいろ楽しめる。結構な種類の動物もいて、これは穴場だと思うのだが、T君は短時間に四カ所蚊に刺されたとか。こういう施設を無料でどこのどなたが開設して資金を提供しておられるのかが気になったのだが、ひっそりとこういう表示があった。

「この施設は宝くじの普及宣伝事業として整備されたものです（川崎市）」

なるほどではあるけれど、あまり効果的なアピールになっていないような気もする。

シャッターチャンス、逃しました

出産直後でぐったりのレッサーパンダや上空をカラスが舞うフラミンゴ、意外と見やすいペンギンなどを観覧して帰ろうとすると、動きがないガラス張りの窓の中に、大きなリクガメが。飼育員さんが通りかかったので、「亀は万年と言いますが、この亀は何歳ですか」と聞いたら、「五十五歳です」と。ううう、私と同い年の亀に初めて会った。いや、同い年の人間以外の動物自体初めてだ。急に親近感と焦りのような気持ちが湧いてきたので、そそくさとこの場を離れることに。

川崎市には空港がない。しかし、対岸の大田区にある羽田から離着陸する飛行機を間近で見られる撮影スポットがある。何としても押さえたかったのだが、私たちが着いた頃にはなかなか大きく見える位置を通ってくれる便がなかったのが残念だ。そして、一番大きく見えるまで近くに来てくれた飛行機が通過した瞬間には、「もっとあっちのほうがいいかも!」と少し場所を移動しようとして、カメラを構えていなかった瞬間だったのは内密に。

（二〇一五年十月）

本日のまつを道

川崎駅前

↓

ラ チッタデッラ

↓

コリアンタウン

↓

川崎大師
川崎区大師町 4-48

↓

夢見ケ崎動物公園
幸区南加瀬 1-2-1

↓

浮島町公園
川崎区浮島町 12-7

川越市

電線が
見えぬ小江戸の
浪漫かな

最近、スーパーマーケットに行くと、「KOEDO」というビールが並んでいる。試しに、と買って帰って飲んでみたら、これがなかなか美味いのだ。

小江戸とは、埼玉県川越市の別名として知られるが、サツマイモと鐘楼の印象しかなかった。聞くところによると、文化財の数では神奈川県鎌倉市、栃木県日光市に次いで関東で三位だという。かといって、このぶらり歩きは観光地巡りの要素が希薄なので、またもや気の向くままにプラプラするのである。

金沢の人は「小京都」と呼ばれることを嫌うというが、川越の皆さんは寛容のようだ。川越というと思い出すのが、川越とは関係のない川越美和さんというアイドル歌手のことだ。なかなか愛らしいタレントさんでしたよ、ええ。実は鹿児島県出身で、でも「川越市には親近感があります」と優等生的な受け答えをしていたのが記憶に残っている。にわかに気になってしまい、検索したらもう引退してしまったようだ。残念。いや、関係ないのだが。

「川越」という地名は、川を越えて行くからそう呼ばれたのだと思っていたのだが、平安時代の豪族、河越氏に由来するという。他にも、入間川が氾濫して土地が肥沃《ひよく》なので川が肥えるという説もあり、そちらのほうが好きだ。私の好みはどうでもいいが。

川越駅の改札を出たところで、いや、実は改札口を出たふりをして、ホットヨガで習った「川を越えるポーズ」をとってみた(嘘)。

街中で懐かしいボンネットスタイルのバスを発見。緑色のナンバープレートだったが、路線バスなのだろうか。

徳川家康四百年遠忌を祝う仙波東照宮に参詣。しかし、隣接する喜多院の有名な（こととは知らなかったが）五百羅漢も休みで拝観できず。

菓子屋横丁という菓子屋の横丁（そのままだが）へ行ってみた。昔はここを「飴屋横丁」と呼んでいたそうだ。「アメ横」で

面の「皮」と「声」で「川を越えるポーズ」らしいです

出ました「時の鐘」

ある。関東大震災で被災した東京に代わって菓子を製造・提供したことから栄えたという。路地には堀が巡らせてあり、錦鯉が泳いでいるが、意図は謎だ。

一軒の菓子屋で「川越大黒棒」なる、麩菓子の化け物を購入。しかし、持ち帰りはしたもののどうしても食べる気は起きず、玄関で魔除けのように飾っている。

路地のあちらこちらに、パンダやカメレオンと五円玉などの大きな模型が設置されているが、これまた意図は読めない。

途中、「大小便お断り」という大きな注意書きがあったので、悪い見本のポーズをとってみた。こういう注意書きは、意思は伝わるが、「ここはそういうことをしやすい場所ですぜ」と知らせてしまう効果もあり、痛し痒しだ。

レトロを感じさせる観光地に付き物の人力車の写真だけ撮って、またもやウロウロ彷徨《さまよ》う。「時の鐘」のある一番街やら大正浪漫夢通りやらを散策してみた。大正浪漫夢通りにはかつてアーケードがあったそうで、その名も「銀座商店街」と言った。やはり江戸にあやかっていたのだが近年撤去し、整備したそうだ。

蔵の街並みに人力車とボンネットバスが共演

やはりこういう快適な風景を見て確信を持つのは、電信柱というものがいかに無粋かということだ。建物の風合いが古いだけでは、こうはいかない。電柱、電線の見えない風景が日本中に広がることを願ってやまないものだ。

途中で見つけた「まちかん」という刃物店では、なにやら理屈っぽそうな優男の店番氏が恭《うやうや》しくも達者な感じで、さながら懐かしの実演販売の巨匠、マーフィー岡田のごとく、刃物の切れ味を実演解説してくれるのが面白かった。刃物のショーケースの上にまな板と刻まれた大根が置いてあり、包丁の研ぎ方一つでどれだけ刃物の切れ味、抵抗のなさが生まれるか、またその方法をまざまざと見せてくれて、私たちはただ頷《うなず》き続けるのみ。今回一番感動したこの場面は、店の意向で写真撮影の許可をもらうことはできなかった。

（二〇一五年十一月）

本日のまつを道

川越駅

↓

仙波東照宮
小仙波町 1-21-1

↓

喜多院
小仙波町 1-20-1

↓

菓子屋横丁

↓

時の鐘
幸町 15-7

↓

一番街

↓

大正浪漫夢通り

船橋市

アンデルセン
所縁があるやら
無いのやら

千葉県船橋市。今回もまた、ご縁の薄いところへやって来た。だが、東京に住み始める前から、船橋の地名は知っていたのだ。

学生の頃テレビで見た、アゴ（現・あご）勇さんと「アゴ&キンゾー」というコンビを組んでいたコメディアンの佐藤（現・桜）金造さんが、歌うように唸るように恍惚と、珍妙な表情と仕草で「船橋ヘルスセンター」と言っていたので、耳についてしまったのだ。「小山遊〜園〜地〜」というフレーズのほうがヒットしたようだが、私にはなぜかこちらが記憶に残ったのだ。

東京で最初に住んだ代官山から、ヘビーメタルバンドの「44MAGNUM」のポールの家に遊びに行く時、いつも千歳船橋の駅で待ち合わせして、大竹まことさんそっくりの大将がいる駅前の焼き鳥屋で飲んだものだ。そして、私の中では「小田急線の千歳船橋駅近辺にヘルスセンターがある」と思い込んだまま、それからさらに十年は過ぎただろうか。当然、私の早合点丸出しなのだが、千葉に船橋があることも、古くから栄えた街だということも全く知らなかったし、船橋と千歳船橋は関係がなかった。そして、その時点ですら、総合レジャー施設「船橋ヘルスセンター」はとっくの昔に閉鎖されていて、私は燃費の悪い想像力を使い果たしたのだった。

今はなき「船橋ヘルスセンター」に思いを馳せ……

ちょっとはその残り香を嗅ぎたいと思い、似た名前の場所を探してみたら、「船橋市再生センター」があったので急行した。嘘。普通に行った。

ヨーロピアンな田山涼成さんのような人形に出迎えられ入場。少し寂しい場所にある倉庫のような雰囲気の建物には、リサイクル品がところ広しと並べられている！　めちゃくちゃに安いが、定価も安いだろうなあというようなものから、質は良さそうだが、どう使う物だろうといった感じの物も多かった。生活雑貨などは、何となくゆるい感じで大切に並べられている。

掲示板の「売ります」「買います」は、投稿者それぞれのライフスタイルを想像させる。ここに持ち込まれる物は、どちらかというと大型の、家具などが多いようだ。一番人気は自転車だそうで、入荷待ちになることも多いらしい。

しまった。大きな卸売市場があるというのに、先に時間と関係のない場所へ来てしまった。

　卸売市場といえば、セリの光景だろう。威勢良く、素人にはわけのわからない手の動きと符牒《ふちょう》でどんどん取引が進んでいく様は、伝承芸能のようでもある、と書きたいところだが、セリの開始時間は朝の五時十分から。しかし、まだ開いている店がいくつかあったので、立派な鰹やら蛸《たこ》やら何やら、食材をもらったり買ったり。

　昼食をとりに、スパイスの香りがする方向へ。インド料理店「サールナート」発見。なかなかレベルの高いミールスだった。どこから見ても老舗であることが一目瞭然の染物屋さん「つるや伊藤」に立ち寄る。仕事中ごめんなさい、という感じで恐る恐る戸を開けると、あにはからんや、おとうとはかるや、ご主人がすこぶる親切な方で、こちらが一つ質問をすると十ほど返ってくるような至れり尽くせり。街のあらましやら歴史やら染物のことやら祭りのことやら博覧強記、情報が多すぎて脳内に留まらず、勿体ないと感じることしきり。

「つるや伊藤」さんにて

至福のカレータイム

獲れたての魚や貝類

船橋駅の広場には、ファンシーと言っていいのか、機械的と言っていいのか、ずしっとした小さな塔が建っている。その名も「アンデルセンの塔」。解説を読むと、船橋市はデンマークのオーデンセ市と姉妹都市だそうで、オーデンセはアンデルセンの生まれ故郷で、だから船橋駅前なのだ。ちょっと理由づけとしては遠い感じもするが、ないよりあったほうがいい、のか？

（二〇一六年二月）

「おやゆび姫」をアピール

本日のまつを道

船橋駅

↓

船橋市再生センター
金杉町 915-1

↓

船橋市地方卸売市場
市場 1-8-1

↓

サールナート
宮本 5-1-8

↓

つるや伊藤
本町 4-31-25

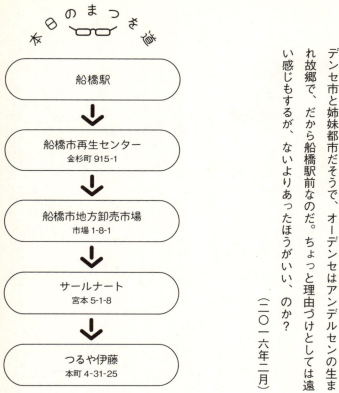

横須賀市

海軍の
街はブラジャー
似合う街

ある年代以上には山口百恵さんの「これっきりこれっきり」の文句で馴染み深い、横須賀市へやって来た。もう少し上の年代なら、ダウン・タウン・ブギウギ・バンドの「アンタあの娘の何んなのさ」も思い浮かぶことだろう。どちらにせよ、阿木燿子さんの作詞なのだが。学生の頃、「アンタあの娘の何んなのさ」に続く部分が、急に音が重層になるので「港のヨーコ……」の部分がなぜか「えんやこらどっこいさ……」に聞こえていたことはここだけの話だ。

国際港湾都市なのだそうだが、何か洒落た感じと寂しい雰囲気を併せ持った街だ。もちろん、あくまで個人の感想です。

東京湾の入り口あたりにあるので、昔から軍事的な拠点として重視されていたらしい。今も、街中には軍服を着た和洋取り混ぜた顔がわんさか闊歩していて、とりわけランチ時分にな

ソーセージ15本のせカレー

基本はトレイ乗せ＋牛乳

ると、素晴らしく男前の外国人兵士が、ママチャリを立ち漕ぎして人気店へ向かっている（のだろう）姿が頼もしい。

海軍カレーは素通りできない！

もう何度も食べてはいるが、この街に来たらどうしても外してはいけないというプライベートな使命感から、よこすか海軍カレーを食べることになる。元々の体質として、軍隊由来のものには拒否反応があるのだが、カレーマニアぶっている手前、この名目を素通りするわけにはいかないのだ。

ご当地カレーは全国におびただしく出現しているが、一応の成功をおさめているのは札幌のスープカレーと、ここの海軍カレーが双璧ではないだろうか。実は、この「横須賀海軍カレー本舗」の店長さんが、本場インドの料理学校にカレー調理の超短期留学をした「同窓」なので、顔を出したのだが、店長さんは出勤していない日だった。もちろん、メニューからフォトジェニックなカレーを選んでいただくことにした。名物とは言えど、単一の共通したレシピがあるわけではないので、訪れる方は印象が好みのところに入ってみられるのがよろしかろう。

港に、戦艦「三笠」が展示されているので、どんなものか拝見。勇壮かつ殺風景な乗り物だった。もちろん、殺風景は当たり前で、軍艦だから目立たないに越したことはないのだろう。中にはとにかく、してはいけないことがたくさんあって、その注意書きの勢いに圧《お》され通しだった。

横須賀名物「横須賀ブラジャー」。横がスカスカのブラジャーである、はずがない。何かと思えば、ブランデーをジンジャーエールで割ったカクテルドリンクで、ブランデーの「ブラ」とジンジャーの「ジャー」をつなげて「ブラジャー」だ。君と僕とで「ブラジャー」だ。

地べたに、阿木燿子さんの手形を発見。他にもこの地域にゆかりのある有名人の手形が多く設置されているようだ。日野皓正さん、日野元彦さん兄弟のものも、渡辺真知子さんのものもあった。かもめえが翔んだあ〜。やはり歌の似合う街だ。

ドブ板通り商店街にやって来た。立て看板に「ドブ板クリスマ

サタンなのに健全かつ禁煙

スカジャンと花魁のコラボ

横須賀でも顔ハメ

スセール」のポスターを発見。「ドブ板」という言葉と「クリスマス」という言葉がどうにもミスマッチでいい。おまけに絵は花魁《おいらん》である。花魁と横須賀は、絶対に関係がないことを断言したい。

可愛らしい趣のある横須賀駅だが、駅頭に置かれたこの街のゆるキャラに脱力。「スカレー」という、カモメの水兵さんがカレーを差し出しているキャラクターだ。横須賀の「スカ」と「カレー」、その重なる「カ」をつなげたネーミング。いいぞ。

少し歓楽街を歩いてみた。心を動かされたのは、BAR「サタン」だ。きっと、この街の邪悪を一手に引き受けているのだろうと近寄ってみると、注意書きが。「当店は18歳未満の立入を禁止します」とある。サタンなのに！

これっきりにならないようにしたい街である。そんな無理やりな。ここは横須賀。

（二〇一六年二月）

本日のまつき道

横須賀海軍カレー本舗
若松町 1-11-8　YY ポート横須賀

↓

記念艦 戦艦「三笠」
稲岡町 82-19

↓

ドブ板通り商店街

↓

横須賀駅周辺

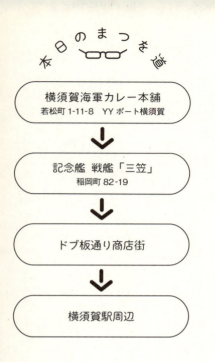

横浜市

スケートで
滑り　滑らぬ
にぎわい座

日本第一の都市は、客観的にいえばもちろん東京だろう。それでは、第二の都市はどこか。

昼間の人口や事業所数、サービス業売上、商業販売額、世界的知名度では大阪に大きく水をあけられているが、やはり居住人口でいえば、横浜は日本で二位の大都会である。神奈川県内の市町村では、面積も一番大きいらしい。私は神戸の出身なので、港町横浜には何かしら明文化できない親しみやノスタルジーを感じる。そして、最終回として、相応《ふさわ》しい都市ではないだろうか。異論がある方、ごめんなさい。

駅前の雰囲気を撮影したいのだが、なんとなく横浜駅よりも桜木町のほうが絵になるような気がしてやって来たじゃん。

あ、「じゃん」は横浜弁の特徴と思われてるけど、違うんじゃん。静岡とか山梨のほうから流れ込んできて、横浜では昭和になってから使われ始めたんじゃん。話が逸れたじゃんか。

やはり圧巻はランドマークタワーである。ここの低層階の、ランドマークホールといったかな、そのフリースペースのようなところで、折り顔の個展を開いたことがある。場所柄、素晴らしく多くの人が鑑賞してくれたことを覚えている。

キッチュでエネルギッシュな横浜中華街

横浜といえば中華街だろう。ここを押さえなければ、横浜に来た意味がないではないか。「いや、野毛山動物園だろう」というような異論がある方、ごめんなさい。

しかし、この中華街のキッチュさといったらどうだ、このギラギラとした欲望に忠実な発信力、派手さ、けたたましさ、香《こう》ばしさ。「力強さ」という言葉より、「エネルギッシュ」という言葉がニュアンスとしては当てはまると感じる。派手な衣装や看板、遠慮のない呼び込み、そしてこれでもかと言わんばかりの食品群の訴求力。ガラスの中にひしめくように吊り下げられた北京ダックだかなんだかのアヒルが「おらおらおらおら」と語りかけてくる。「キッチュ」というのは、この文化のためにあるような言葉ではないか。これだけ徹底すると、一つの美的価値すら生まれる可能性すら感じてしまう。元々、私自身が小学校の頃、神戸元町の中華街、「南京町」を勝手に下校時の通学路に決めていたので、この雰囲気自体に奇妙なノスタルジーを感じてしまうのだ。

あちらこちらに「世界チャンピオンが作る料理」的な文言を見るが、同じチェーン店なのだろうか。全店舗にチャンピオンがいるのかは不明だが、これで釣られる人はいるのだろうなあ。

神戸の中華街は細長く延びていて約百五十店舗ほどだが、この横浜の中華街はその三、四倍の規模があるので、半日いても飽きないどころか、逆にいろんな意味で「お腹いっぱい」になるかもしれない。

横浜の寄席としてはもうすっかり確固たるポジションを確立している「にぎわい座」は、なかなか綺麗で芸人は演じやすく観客は見やすい、なかなかの小屋である。

地下にある「のげシャーレ」というフリースペースも、小さな落語会などでよく使われている。ちなみにシャーレとは、科学実験用のガラスの蓋《ふた》付き皿の通称で、ここで試験的に若い藝人が腕試しをする場所という意味が込められている、というのは私の勝手な想像なので、人に言わないほうがいい。

赤レンガ倉庫へやって来た。一号館が大正、二号館が明治に竣工という、プチ不思議な由緒ある建物内で、私が気になったのは

桜木町の寄席「にぎわい座」

東の朝陽門にて。中華街、わくわくしますね

アイススケート場だ。

私は自慢ではないが、生まれてこのかたアイススケートで転んだことがない。なぜならば、スケート靴を履いたことも滑ったこともないからだ。せっかく訪れたのだから、そこは突撃取材だ。いや、今までそんな心境になったことがない私だが、最終回ということもあって、つい躁状態になってしまったのだろう。果たして、ほんの二周程度だが、転ぶことなく回ってすんなりと退場できた。カメラマンは私が転ぶ瞬間を心待ちにしていたのだろうと勘ぐっているのだが、それは残念だったな。　（二〇一六年二月）

本日のまつを道

桜木町駅
↓
横浜ランドマークタワー
西区みなとみらい 2-2-1
↓
横浜中華街
↓
横浜にぎわい座
中区野毛町 3-110-1
↓
横浜赤レンガ倉庫
中区新港 1-1

人生初スケート。転びそうで転ばない……

あとがきのくねくね

「旅」の定義は何だろう。

いくつかの辞書をみると「定まった地を離れて、ひととき他の土地（場所）へゆくこと」「自宅を離れてよその土地へ行くこと」「家を離れて歩きめぐること」などと書かれている。それでいうと、世の中のほとんどの人は毎日自宅を出て、学校や会社に出かけて、「ひととき」を過ごしている。これは旅なのか。ある元アスリートが、職業「旅人」などと言っていたが、こうなると「会社員」よりよほど範囲が広い、ぼやーっとした立場にはなってしまう。孤高でもなんでもない。

一説によると、「支度をしてよその土地へ行く」ことだという。いや、毎日、仕事や授業や弁当の支度はしているぞ。なるほど、目的が違うのか。しかし、「あてのない旅」「放浪の旅」という表現もある。それといって目的もなく学校や会社に行くのは、同じ精神状態なのだろうか。きっと違う。

私が思うに、「旅人」の自覚は、精神状態なのだろうと思う。移動する中で、無邪気な好奇心や、何でも面白がろうとする気持ちがあれば、それを「旅」と考えていいのではないか。旅に必要なのは、他所《よそ》に対する好奇心と、ほんの少しの非日常性なのではないだろうかしら。

東京新聞の勧誘、もとい、お誘いに乗って、「東京新聞ほっとWeb」の連載記事の取材として、有名な観光スポットも生活臭のする住宅街の裏路地も分け隔てなく、東京のあちらこちらそちらどちらとその周辺を、徘徊、散歩、彷徨した。

連載に「松尾貴史無責任編集『東京深聞』」と命名させていただいたのだが、その「無責任」の名の通り、私の遅筆のせいで、全区と各都市を巡り終えるのに相当の年月を費やしてしまった（現在は、光栄にも、かの大コラムニスト、泉麻人師匠が後を受け継いでくださっている！）。でも、持ち前のしつこい気性によって、ようやく巡り終えることができた。ほんの少しの下調べをしたこともあったけれど、ほとんどの場合、行き当たりばったりの無計画さだった。気がつけば、二十三区は全て回り、都内のいくつかの市部や、周辺の千葉県、神奈川県、埼玉県にも足を伸ばしてみた。見た。観た。無理に時間をとって出かけたわけではないので、時間的にも空間的にもニッチな小旅行だった。

人生で、一番大切なものは何か。突然哲学ぶってみても気の利いた答えは出てこないけれど、まずは「命」だろう。さて、命とは何か。時間であると思われる。生きる時間が終わることを「死」というのであって、それは命が失われる時だ。人間にはそれぞれ与えられた時間は違うが、その進行はあまねく平等に起き続ける。つまり、「時は金なり」ではなく、「時は命なり」なのだ。

時間、つまり命を大切にするためにはどうするか。進行ペースが同じなら、その質を高めることが肝要である。

質を高めよといっても、頑張って働き生産し、頑張って勉強をするということではないような気がする。そのようにして得た賃金や知識はもちろん得難い貴重なものではあるのだけれど、時間自体がそれによって良質になったとは言い切れないのではないか。頑張って働き過ぎて過労に陥ったり、ガリ勉を続けて楽しさを知らずに人生の終わりが早く来た人は、果たしてその質が高まっていたのか、甚だ疑問なのだ。

失った金銭や得られなかった情報は別の場で取り戻す方法があるけれども、失った時間というものは、取り返しがつかない。古今東西、権力者や大金持ちが「金に糸目はつけないから長生きさせてくれ」と言い続けているのが何よりの証拠ではないか。「来週死んでもいいから十億円を手にしたい」などと言う人には会ったことがない。

私は何を大げさに語っているのだろうか。

人は、ストレスから逃れることはできない。仕事をしても、スポーツをしても、休んでも、セックスをしても、食事をしても、酒を飲んでも、禁酒しても、人と会っても、人に会えなくても、寝ても、起きても、パーティーを催しても、それぞれストレスがかかっている。

よく「ストレス解消法」などという言葉で他人を謀る人がいるが、あれは嘘だ。人間は死ぬまでさまざまなストレスを積み上げて生きていくのだ。これが解消されることなどない。そして、誤解を恐れずに言わせてもらえば、私たちはストレスというレンガを積み上げて、その上に乗って高みを目指しているのだ。せっかく溜めたストレスを解消などしてしまったら、元の木阿弥なのだ。

しかし、その積み上げ方にはコツがいる。同じ種類のストレスを、同じ側の基礎に積み上げ続けるのは不健康だ。必ずバランスを崩して、肉体か精神を病んでしまう。ある程度の仕事をしたら、休むというストレスで調整する。風呂に入れないというストレスは、風呂に入るというストレスでバランスをとるのだ。

人は、日常の通勤通学でも生活でも、安全で効率よく暮らせるようにそれぞれが整備して生きている。何時何分に家を出て、どの道で駅まで行き、何時何分の電車の前から何両目の隅っこに乗り、駅の何口から出て、どういうルートで会社に出るか、などというルーティーンを細かく決めて毎日を送っている。

なのに、なぜ旅に出るのか。職場の同僚に気を遣い、日当を減らし、主治医もいない、見知らぬ土地へ、土地勘もなく、言葉も通じない、そこの風習も理解していないところへ、大金を払ってまで、なぜ行きたがるのか。それは、日常かかっているのとは「別の質のストレスをかけたい」という欲求があるからなのだ。そう、旅というものは、ストレスのデパートなのである。

東京の人の通勤・通学に費やす時間は膨大だ。なぜならば、職場や大学のそばに住むのが困難なほど、地代、家賃が高額だからだ。どうせ移動に時間を費やすなら、それらを前向きに捉えて、「旅をしている」と思ってしまおうではないか。そうすれば、少なからずストレスを良質なものに変化させることができる。

「大東京」「この広い大都会」などと言われるが、東京は狭い。これほどの人数が集中して暮らしている都市は、世界的に見ても稀有《けう》だろう。ところが、その狭い中でちょいと区境を越えれば雰囲気が変わり人も変わって見える。日常の中に、ほんの少しの非日常を持ち込むことで、脳みそに微細な刺激を与えることができる。その行為を、日常的に繰り返せば、ひょっとすると、人生にとって、質の良い時間を過ごす割合を増やすことができるのではないか。

子供の頃から、「落ち着きがない」「集中力が欠如している」と通信簿に書かれ続けた私は、今そのことを喜ばしく思っている。おかげでストレスを肥やしにして生きる体質が育ったとも。そんな気まぐれな私が、この首都周辺をうろうろというよりはくねくねと徘徊した痕跡で、街の楽しさや奇妙な見方を楽しんでいただければ幸甚だ。念のために申し上げれば、ガイドブック代わりにこの本を使うことだけは避けられたほうがいい。その理由をお知りになりたければ、その用途でご覧になることをお勧めする。どっちなんだ。

こんな私に連載の場を与えてくださった東京新聞の皆々様、長年の阿吽で「こんな絵が欲しい」という気持ちを百パーセント以上の形にしてくださった五月女ケイ子画伯、私のダラダラとした作業にキレもせず綺麗にまとめあげてくれたデザイナーの中村健さんと編集の山田智子さん、調整で奔走し私に油を注いだ古舘プロジェクトの黒木恵美マネージャー、取材に訝しみながらもご協力くださった各地の皆々様に感謝を申し上げる。

二〇一七年四月某日　タイムズスクエアにて

松尾貴史

（著者註：タイムズスクエアはニューヨークではなく新宿のほう）

松尾貴史（まつお・たかし）

1960年5月11日生まれ。兵庫県神戸市出身。

大阪芸術大学芸術学部デザイン学科卒業。俳優、タレント、ナレーター、コラムニスト、「折り顔」作家など、幅広い分野で活躍。東京・下北沢と大阪・福島にあるカレー店「般°若（パンニャ）」店主。『季刊25時』編集委員。

著書に『なぜ宇宙人は地球に来ない？——笑う超常現象入門』（PHP新書）等多数。

東京くねくね

2017年5月29日　第1刷発行

著　者　松尾貴史
発行者　三橋正明
発行所　東京新聞
　　〒100-8505　東京都千代田区内幸町2-1-4
　　中日新聞東京本社
　　電　話［編集］03-6910-2521
　　　　　［営業］03-6910-2527
　　ＦＡＸ　03-3595-4831

装丁・本文デザイン　中村 健（MO' BETTER DESIGN）
装　画　五月女ケイ子
制作協力　株式会社ランドマークス
撮　影　押木良輔・木田茂・加藤峰暁
編　集　山田智子
印刷・製本　長苗印刷株式会社

JASRAC　出1704567-701

©Takashi Matsuo 2017, Printed in Japan
ISBN978-4-8083-1018-9　C0095

◎定価はカバーに表示してあります。乱丁・落丁本はお取りかえします。
◎本書のコピー、スキャン、デジタル化等の無断複製は著作権法上での例外を除き禁じられています。本書を代行業者等の第三者に依頼してスキャンやデジタル化することは、たとえ個人や家庭内での利用でも著作権法違反です。